PARIS
GALANT
Paris. L. GENONCEAUX, Éditeur

PARIS-GALANT

OUVRAGES DU MÊME AUTEUR

Les Curiosités de Paris
Les Jeux et les Joueurs
La Commune de Paris en 1871
Les Virtuoses du Trottoir
Les Mémoires Secrets de Tropmann
Les Sauterelles Rouges
Paris-Oublié
Paris-Police
Paris-qui-s'efface
Paris-Escarpe
Paris-Canard
Paris-Boursicotier
Paris-Palette
Paris-Impur

Pour Paraître Successivement

Paris-la-Nuit
Paris-Ambulant
Paris-Médaillé
Paris-Dompteur
Paris-Mastroquet
Paris-Brasserie
Paris-Bastringue
Paris-Cabotin
Paris-Palais
Paris-Brocanteur
Paris-Gargantua
Paris-Canotier
Paris-Tripot
Paris-à-Table
Paris-Mendigo
Paris-Prison
Paris-Cocu
Paris-Escrime
Paris-qui-S'éveille
Paris-Toqué
Paris-Musicien
Paris-Plaideur
Paris-Domestique
Paris-Gavroche
Paris-Borgia
Paris-Badaud

En Collaboration

Les Maisons Comiques
Ces Dames du Grand-Monde
Paris-Croquemort

Saint-Amand (Cher). — Imprimerie DESTENAY, Bussière Frères.

PARIS-GALANT

PAR

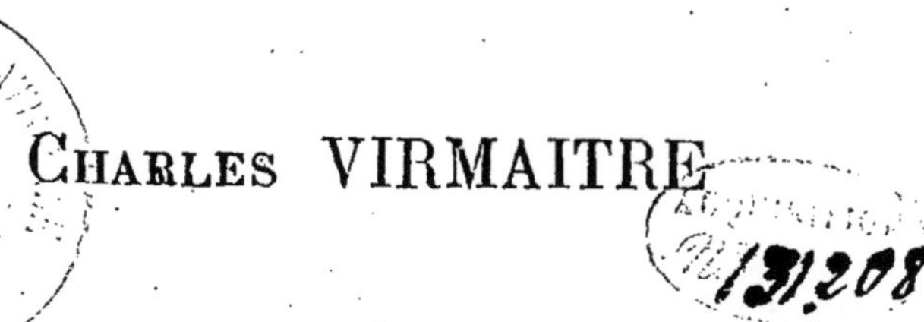

CHARLES VIRMAITRE

PARIS
LÉON GENONCEAUX, ÉDITEUR
3, RUE SAINT-BENOIT, 3

—

1890

—

PARIS-GALANT

PREMIÈRE PARTIE

I

Les panthères. — Petites dames. — Nymphes. — Lorettes. — L'autre côté. — La dame aux Camélias. — Madeleines. — Les filles de marbre. — Les accroche-cœurs. — Les musardines. — Les belles de nuit. — Les filles de plâtre. — Les, biches d'Alger *alias* chameaux. — Les cocottes.— Les cocodettes. — La calège. — Leurs noms autrefois. — Sobriquets pour la postérité. — Louise la balocheuse chantée par Nadaud. — Leurs noms d'aujourd'hui.

Il est curieux de mentionner les expressions employées à différentes époques pour qualifier les filles de la haute noce, filles couvertes de velours, de dentelles, de soie, de diamants, mais qui, comme leurs camarades de la rue, ne sont que des putains. C'est plus propre et plus cher, voilà tout.

Vers 1835, il était de mode d'appeler : *Panthères*, les filles en réputation.

L'expression de : *Lorette* date de 1840. Roqueplan, dans *les nouvelles à la main*, 1841, dit ceci : — Chassées des quartiers sérieux, les plus ou moins jeunes personnes qui se livrent à la perdition des fils de familles, refluent donc vers ces constructions qui forment une espèce de ville nouvelle, partant du bout de la rue Laffite jusqu'à la rue Blanche, comprenant les rues neuves Saint-Georges, la Bruyère, Bréda, Navarin et prenant son nom de la rue principale *Notre dame de Lorette ;* l'ensemble de ces rues s'appelle le quartier des *Lorettes* et par extension toutes ces demoiselles reçoivent dans le langage de la galanterie sans conséquence le nom de *Lorettes*.

Depuis cette époque les étudiants appellent ces filles habitant la rive droite : *L'autre côté*.

En 1845, Mérimée les désignait sous ce nom : *Petites dames ;* les vieux *tendeurs* les nommaient : *Nymphes*, réminiscence mythologique.

Vers 1850, après le succès de la pièce de M. Alexandre Dumas fils, on appela pendant quelques temps les *Lorettes* les *Dames aux Camélias ;* peu après, on tenta de transformer *Lorette* en *Madeleine*. Ce nom ne réussit pas.

Après le grand succès de la pièce de Théodore

Barrière, les *Lorettes* furent appelées : *Filles de marbre*. Une chanson populaire du temps disait à ce propos :

> La vertu passe et marche à pied.

A propos des *Filles de marbre*, J. Janin écrivit: — C'est à Paris qu'elles apprennent péniblement le métier qui les fait riches en une heure.

Dans un certain monde, on les appela : les *Accroche-cœurs*. Festeau fit une chanson sur ce sujet, le refrain se terminait ainsi :

> Sur mes nombreux admirateurs
> Dirigeons nos accroche-cœurs.

De 1856 à 1860 on les connaissait sous le nom de : *Musardines*, parce qu'elles étaient des habituées du *Concert-Musard*, au temps où il était établi, Hôtel d'Osmond, boulevard des Capucines.

Dans une revue jouée vers cette époque au boulevard du Temple, aux Funambules, on chantait ce couplet :

> De préférence chaque soir
> L'amateur contemple
> *Les belles d'nuit* qui s'font voir
> Au boulevard du Temple.

Belles de nuit était une expression juste pour deux raisons : les filles un peu mûres préfèrent la nuit parce que le maquillage ne brille qu'aux lumières, et que la fleur qui porte ce nom ne s'épanouit que la nuit.

Montépin dans un de ses romans les a appelées : *Filles de plâtre.*

Cela est exact, car depuis quelques années, elles changent fréquemment de quartier, elles *essuient les plâtres* dans les maisons neuves; cela fait, les propriétaires s'empressent de leur donner congé ; ce n'est pas par pudeur, mais pour louer plus cher.

Plus tard on les appela : *Biches*, c'était peu poli, car cette expression, abréviation de *Biche d'Alger*, est synonyme de chameau.

Commerson prit la défense de la *Biche.* « Ce n'est pas une injure, disait il, cet animal est sobre et laborieux, quelle citoyenne du quartier Breda peut en dire autant? »

Avant Commerson, Deriège avait écrit : — « Cette vie n'est qu'un désert, avec un chameau pour faire le voyage et du vin de Champagne pour se désaltérer ! »

En 1866, on les appela : *Pieuvres* par analogie avec l'horrible bête si bien décrite par Victor Hugo dans les *Travailleurs de la Mer*. Cette expression méritait de survivre, car il est rare qu'on puisse échapper aux étreintes de leurs tentacules.

L'*Intermédiaire* fait remonter l'expression de *Cocotte* à Plaute qui appelle les courtisanes : *Gallinæ quia* (ajoute Savaron son commentateur) *ut Gallinæ spargunt et perdunt omnia*, parce que comme les poules elles détruisent et perdent toutes choses.

On dit aussi : *Cocodette*, c'est la *merveilleuse* du directoire, et la *Lionne* de 1830, cette expression s'applique généralement aux *Poseuses*; que vulgairement on nomme des *Batteuses* ; ce mot est consacré par une chanson :

Au lit v'la qu'elle m'engueuse
Croyant que ça m'ferait de l'effet
Je lui réponds : tais-toi *batteuse*.

Enfin on a appellé les filles : *Mousseuses*, *Horizontales* (de grande et de petite marque) *Ondulées*, *Apéritives*, *Belles petites*, *Agenouillées ???*

Vidocq les appelait : *Calège*. La *Calège*, dit-il, vend très cher ce que la *Ponante* et la *Dossière* livrent à des prix modérés, sa toilette est plus fraîche, ses manières plus polies. Elle a pour amant un faiseur ou un escroc, tandis que les autres putains sont associées avec un *cambriolleur* ou à un roulottier. »

Autrefois elles se nommaient :

Pomaré, Mogador, Maria la *Choucroute*, Rose Pompon, Alice la *Provençale*, Clara Fontaine Rigolboche, la grande Pau (abréviation de Paudine), Maria la *Rieuse*, Julia la *Folle*, *Pochardinette*, Hortense la *Pale*, Henriette *Zou-zou*, Finette la *Bordelaise*, *Panama*, Georgette la *Vadrouille*, Henriette du *Château*, Hortense Neveu, Leininger, Anna Gervais, Charlotte Prévost, Athalie Manvoy, la *Charbonnière*, *Chicardinette*, *Cigarette*, Elisa *Belles jambes*, le *Bébé de Cherbourg*, *Cerisette*, Gabrielle *Accroche-cœur*, Berthe la *Zouzou*, la *Balafrée*, Eugénie la *Belle en cuisse*, Marie la *Duchesse*, Andréa l'*Écuyère*, Clarisse de Montfort, Berthe la *Blonde*, Blanche de Nevers, Berthe de Ligny, Marie Duplessis, la *Dame aux Camélias*, Irma la *Savoyarde*, Nina *Bouillabaisse*, Giulia Barucci, Hortense la *Blonde*, Cora Boyard, Henriette l'*Auvergnate*, Marie Delabaye, Marthe de Véré, Cora Pearl, Marie Pellegrin, Blanche Pierson, Moutonnet, Clara Blum, la *Belle Polonaise*, Adèle Courtois la *Belle Hollandaise*, Caroline Letessier la *crevette sentimentale*, Caroline Hasse, Blanche d'Antigny,

Anna Deslions, Prelly, Armandine, Soubise, la baronne de Breuil, Catherine Schumacher la *Bruyère*, Marguerite Bellanger, Rosalba *Cancan*, Nini *Belles dents*, Eugénie Trompette, Mimi *Gambilmuche*, Louise la *Balocheuse*, l'Anglaise Alexandrine aux cheveux d'or, Delphine Rivière, Sophie Ponton, Louise *Voyageuse*, Léontine *Confortable*, Jeanne la *Juive*, Eugénie *Malakoff*, Henriette *Souris*, Louise Sauvageon, Delphine la *Colonne*, Blondinette *Traîne-pattes*, Marie l'*Auvergnate*, Eugénie *Chinchinette*, Clara *Fauvette*, Héloïse Pavillon, Désirée *Patchouly*, Eugénie l'*Amoureuse*, Victorine *Gibelotte*, Charlotte *Corday*, Aglaé *Poële à marrons*, Marie *Baquet*, Pauline la *Vache*, Louise la *blagueuse*.

Il est à remarquer qu'elles ont toutes un sobriquet, lequel est indispensable pour que leurs noms passent à la postérité ; autrefois cela était plus difficile que cela ne le sera dans vingt ans pour l'historiographe de ces dames, car elles ont des journaux qui relatent leurs faits et gestes avec un soin scrupuleux.

Louise la *Balocheuse* eut l'honneur d'être chantée par Nadaud :

Pardon ! pardon ! Louise *la Balocheuse*
De t'oublier, toi, tes trente printemps

Ton nez hardi, ta bouche aventureuse
Et tes amants plus nombreux que tes dents.

Aujourd'hui elles se nomment :

Delphine de Lizy, Hélène de Lancy, Louise de Silva, Isabelle de Lineuil, Betty de Montbozon, Béatrix de Castillon, Marion de Lorme, Henriette de Barras, Schneider de Sombreuil, Lucile de Ligny, Francine Decroza, Madeleine de Mogen, Andhrée Vignon, Baldy, Marcelle de Montfort, Jane d'Hénin, Alice Fraser, Marthe Villain, Laure d'Arthès, Glady, Albertine Wolf, Léontine Campbill, Anna de Farville, etc.

Le sobriquet est toujours en honneur :

Constance M... l'*Artificielle*, Jeanne de R... l'*Achalandée*, Louise Bl... l'*Éveillée*, Alice Rh... la *Superbe*, Butta F... la *Follette*, Marie Ch... la *Mignonne*, Lucie S... l'*Enseigne*, Mathilde Cl... la *Boiteuse*, la comtesse O... a la *Bécasse*, Blanche D... *Toujours-prête*, etc.

Je regrette de ne pouvoir, comme je l'ai fait dans *Paris-Impur* pour la catégorie inférieure, donner les prix et les adresses ; les interprètes, les chasseurs des grands hôtels, les garçons de théâtres et les bouquetières suppléeront à cette lacune.

II

Qu'est-ce que la cocotte? — Souteneurs en gants jaunes. — La plage Pigalle. — La ramenеuse. — L'allumeuse. — La cocotte à parties. — Linge ou torchon. — Les grues. — Un souverain S. V. P. — Le coup du téléphone. — Le coup de l'invitation. — Une pauvre fille. — La garde se rend et ne meurt pas. — Une bonne mystification.

La cocotte n'est autre chose que la fille de la rue qui a eu plus de veine, plus d'audace que ses congénères condamnées aux boulevards à perpétuité, à l'hôpital, au souteneur et à Saint-Lazare ; la seule différence qu'il y ait entre elles, c'est que les unes couvertes de haillons achetés au *décrochez-moi ça*, chaussées de savates, traînent leurs misères dans la boue des ruelles sordides et ont pour boudoir des chambres d'hôtels garnis infectes, tandis que l'*arrivée*, la cocotte opère dans les grands quartiers, elle a un appartement luxueux, parfois un hôtel, velours, soie, diamants, domestiques mâles et femelles, chevaux et voitures ; mais la marchandise est la même : même ignorance, même sottise, mêmes goûts, mêmes passions, mêmes origines, la loge d'une concierge ou l'arrière-boutique d'un savetier. Celle de la rue a pour souteneur un voyou qui la vole et la bat, celle de la haute a un rastaquouère qui la gruge sous une autre forme, c'est un maquereau en gants jaunes, voilà tout.

On refuse la main au souteneur de la rue, le souteneur de la haute est reçu dans le monde, au lieu de promener ses écailles chez les mastroquets, il les promène dans les salons, dans les cercles, dans les tables d'hôtes huppées ; le souteneur de la rue ne connaît que la *plage* Pigalle ou Clichy, le souteneur de la haute fait les plages en réputation, Nice, Monte-Carlo, Trouville ou Biarritz.

Quand on interroge une fille du monde galant sur ses débuts, jamais elle n'est sincère, jamais elle n'avoue qu'elle sort d'une loge de concierge, que son père et sa mère avaient rêvé pour elle le conservatoire ou le théâtre, qu'ils lui avaient appris a péter plus haut que le cul et que son premier amant a été un affreux voyou avec qui elle avait l'habitude de jouer ; qu'ayant échoué, elle a commencé par un pécule modeste pour agrandir le cercle de ses opérations. Elles se donnent comme filles d'officiers supérieurs élevées à Saint-Denis, comme ayant été séduites par leur beau père, comme institutrices déclassées, cette dernière assertion n'est pas tout à fait fausse, car à la tombée de la nuit, aux environs de la place Saint-Georges, on peut voir une grande fille brune, modestement mise, qui a, piqué sur son Jersey, le ruban des palmes académiques.

Son boniment est court et n'est pas banal, c'est une invite à..... cœur discrète, en passant à côté de vous, elle dit d'une voix douce et basse, en lançant un regard polisson : « Je ne demeure pas loin ! »

Rien de répréhensible, tout le monde a le droit dans la rue de faire une réflexion à voix haute.

C'est un rude métier que celui de cocotte ; pauvres créatures qui se sont dévouées dans un jour d'abnégation touchante au bonheur physique des messieurs, leur sort inspire une pitié profonde mêlée à une certaine admiration pour tant de courage et de persévérance ; ce sont les sœurs de charité du mal, toujours prêtes à s'installer au chevet d'un homme riche, elles ont éteint en elles toute espèce de dégoût physique et aucune plaie morale ne les effraye, aucune lèpre sociale ne les rebute, ça les attire au contraire.

Quand une cocotte voit ses nombreux et consciencieux travaux récompensés par la fortune, elle jouit, en grande dame, de ce qu'elle a amassé comme petite dame, mais elle a le spleen, alors elle se paye des fantaisies, elle réunit dans un diner splendide les hommes qui l'ont aidée dans ses spéculations, elle tient à voir en général ceux qu'elle a connus en particulier ; alors, en avant les souvenirs de jeunesse.

Il y a plusieurs genres de cocottes, comme il y a fagots et fagots, il y a également une infinité de manières de travailler.

La *Ramencuse*, c'est la boulevardière qu'on appelle *Beurre-demi-sel* lorsqu'elle est mûre pour les boulevards extérieurs, pour retourner d'où elle partit, pour dégringoler de l'Olympe au Marais.

La *Rameneuse* a un *chez elle*, mais presque toujours en *meublé*, soit qu'elle habite dans une maison particulière, où d'anciennes filles retirées de la circulation louent des chambres, soit que ses meubles lui soient loués par un tapissier qui, comme garantie, garde le logement à son nom jusqu'à payement complet du mobilier, ce qui n'arrive presque jamais ; elle est le plus souvent *en carte*, soumise à la visite sanitaire, mais mieux élevée que les *Pierreuses* ; quand elles y vont, elles ne disent pas : — Je vais à *Montretout*, elles disent : — J'ai été *crampé avec le dabe d'argent !* [1].

La *Rameneuse travaille* toute la journée ; dès midi, elle descend de chez elle dans Paris ; si en chemin elle n'a pas *chargé*, elle va au boulevard, du faubourg Montmartre à la Madeleine ; les mardis et vendredis, jours du marché aux fleurs, sont pour elles généralement fructueux ; chaque fois qu'un homme s'approche près d'une bouquetière, elles font mine d'acheter un bouquet de deux sous, il est rare que l'homme les laisse payer, alors elles se confondent en remerciements : — Ce sera un souvenir, oh ! comme vous êtes aimable, monsieur, comme ces fleurs sentent bon !

La conversation s'engage ; coût : cent sous ou vingt francs suivant les besoins du moment.

La *Rameneuse* fait aussi les Champs-Elysées, mais à pied, les chaises qui bordent l'avenue en sont parfois bondées.

Là, le raccrochage est des plus faciles, l'homme longe l'allée, il passe la revue du ba-

[1] *Dabe d'argent*, speculum, la *Pierreuse*, fille de la rue, *montretout* s'explique suffisamment, *chargé*, fait un homme.

taillon des *Toujours-prêtes ;* quand il a jeté son dévolu, il prend carrément une chaise et s'installe à côté de celle qu'il désire, oh ! les préliminaires ne sont pas longs, il y en a d'ailleurs qui ont leurs habitués pour un prix fait, invariable.

Quand un homme est connu pour un *homme sérieux*, elles se le disputent, surtout s'il donne une *bougie* [1] à la bonne, parce qu'elles partagent avec elles.

Il est des *Rameneuses* qui, en dix ans, n'ont jamais amené un homme chez elles, elles vont chez une camarade pour n'avoir pas à payer un hôtel, et réciproquement.

La *Rameneuse gagne* en moyenne huit mille francs par an, sans compter les *lapins* qu'on lui pose, et qui passent par profits et pertes ; ces huit mille francs représentent en moyenne mille clients.

Depuis quelques années, les femmes sont plus méfiantes, elles ne se laissent pas attrapper facilement, elles se font payer d'avance ; pour *carotter* cent sous ou dix francs en dehors du prix convenu, elles emploient une foule de ruses ; en voici une qui réussit toujours.

[1] *Bougie* cinq francs, *lapin*, partir sans payer, *carotter allumer*, exciter.

Arrivée à la chambre de l'amie, elle commence par faire asseoir son *miché*, elle ôte son chapeau, déroule ses cheveux, dégraffe sa robe, enlève son corset et ses jupons ; elle reste ainsi en pantalon très court et très décolletée, parce que par un geste imperceptible, elle a tiré la coulisse qui fermait sa chemise sur la poitrine ; elle s'assied près, bien près, quelquefois sur les genoux et entame une conversation ; l'homme la couve des yeux ; en femme habile, elle suit sur sa physionomie la marche de ses désirs ; quand elle le voit à point, elle aborde la question.

— Tu m'as donné dix francs (ou un louis) mais tu ne savais pas comme j'étais faite, comme j'étais fraîche ; allons, mon bébé, donne-moi dix francs (ou un louis) de plus, tu verras comme je serai bien gentille.

C'est le coup de l'*allumage*.

L'homme ne répond pas, mais il tire fébrilement son porte-monnaie et double quelquefois la somme demandée.

Il n'en a pas davantage pour cela !

La *Cocotte à parties* est une putain en carte, elle ne raccroche pas ouvertement à l'aide du boniment traditionnel : — Mon petit homme, veux-tu monter chez moi ?

Elle est généralement élégante, elle s'arrête

aux devantures des magasins et se fait suivre d'un coup d'œil engageant ; elle ne *ramène* pas chez elle, elle conduit son *miché* dans une maison spéciale qui se nomme : *Maison de passes*. Rien ne distingue cette maison des autres, il y a dans Paris un certain nombre de propriétaires aux allures chastes, qui se fâchent d'un écart de langage, qui néanmoins tirent un gros revenu d'une ou deux chambres que la concierge loue, cinq ou dix francs la *passe*, suivant le quartier et l'apparence de la maison ; si dans le quartier une indiscrétion dévoilait ce joli commerce, c'est la concierge qui endosserait la responsabilité ; le propriétaire ! songez donc, un si brave homme, un conservateur, qui donne le pain bénit une fois l'an, et *sa dame*, une femme qui a sa chaise à l'église de la paroisse !

La cocotte appelle cela : *faire une passade.*

La *Cocotte à parties* a un grand luxe de linge, cela lui sert d'enseigne ; c'est pour cette raison qu'en parlant d'elle, les garçons d'hôtels la désignent par cette expression : *un linge,* tandis qu'ils appellent la fille de bas étage : *un torchon.*

Quand la cocotte aborde le théâtre, elle devient *une grue ;* c'est généralement une dinde, une belle fille, mais bête comme ses pieds, qui ne trouve pas les planches trop dures ; il fait plus chaud sur la scène que sur le trottoir et puis elle peut faire l'orchestre et étaler sa viande, l'amateur peut juger d'un seul coup d'œil s'il en aura pour son argent.

Les directeurs de théâtres en tirent profit, ils ont de belles filles qu'ils payent peu, et souvent elles ont servi de truchement pour une commandite.

La grande cocotte, la huppée, en dehors du Tour du Bois, ne raccroche pas personnellement, *elle reçoit des visites*. C'est son *allumeuse* qui lui procure le client de passage. Ce genre de travail a beaucoup de succès quand les étrangers affluent à Paris, surtout aux époques de grandes expositions universelles.

Les souverains leur font tourner la tête, elles voudraient bien le leur rendre, pas le Schah de Perse par exemple, depuis qu'elles savent que ses fameux diamants ne sont que de vulgaires bouchons de carafes.

Une véritable fièvre s'empare de ces ambitieuses, on pourrait l'appeler une fièvre monarcho-purpurale ; il leur faut du Souverain, elles l'attendent, et ne peuvent croire qu'il ne viendra pas, une nuit ou l'autre, au moins une fois, visiter leur exposition permanente. D'aucunes prévoyantes font mettre des patères dans leur antichambre, des patères spéciales pour qu'il puisse y accrocher commodément sa couronne.

Elles envient toutes cette actrice célèbre qui fut sous l'Empire surnommée : le passage des Princes !

Ces intéressantes fiévreuses deviennent inabordables pour les simples mortels ; elles donnent à leurs domestiques les ordres les plus sévères, pour que les visiteurs royaux soient seuls admis, s'ils daignent se présenter.

Cette année, les souverains de grandes marques furent rares, il est vrai qu'elles purent se rattraper sur les principicules de Tombouctou, et autres pays exotiques.

Revenons à *l'allumeuse*.

L'allumeuse n'est ni jeune ni jolie (elle pourrait travailler pour son compte) elle a *l'œil américain*, elle sait fouiller un homme sans qu'il ouvre son porte-monnaie, elle a l'aspect sévère, une tenue des plus correctes, on jurerait une gouvernante de bonne maison ; elle est complète et inappréciable lorsqu'elle parle plusieurs langues.

Elle a de grandes relations, surtout parmi les hommes d'un certain âge, les jeunes présentant trop de danger, ils deviennent collants et cela pourrait gêner la grande cocotte qui a besoin de s'entourer de précautions pour conserver son *ordinaire* qui fait marcher la maison ; tandis que les vieux, à passions pour la plupart, ayant généralement des situations à conserver, sont extrêmement discrets et réservés dans leurs relations, et puis, les vieux, ça paye mieux et elle n'a pas à craindre les tuteurs, gens très gênants.

Quand par hasard la grande cocotte sort à pied, *l'allumeuse*, qui joue le rôle de dame de compagnie, a l'air de veiller avec soin sur le « trésor » qui lui est confié, elle y veille en effet, mais pour choisir le *miché*.

C'est *l'allumeuse* qui donne la carte de la cocotte, qui débat le prix, qui énumère les plaisirs futurs.

C'est encore *l'allumeuse* qui fait le *coup du téléphone*.

C'est l'enfance de l'art, et pourtant c'est absolument ingénieux. Elle se rend à une cabine téléphonique.

— Allo, allo, mettez-moi, mademoiselle, en communication avec le *Cercle des Épatants*.

— Vous y êtes.

— Bien ; monsieur le gérant, voulez-vous faire

appeler le prince de n'importe quoi, c'est de la part de madame Laure de Baisenville.

— Volontiers, madame.

Le prince arrive.

— Que voulez-vous, madame ?

— Madame de Baisenville et ses amies font demander si ces messieurs du cercle sont en bonnes dispositions.

— Très bonnes ; combien sont-elles ?

— Autant que monsieur le prince voudra.

— Amenez-en six, à une heure, à la Maison Dorée.

On voit que rien n'est plus simple.

Le *coup de l'invitation*, quoiqu'un peu ancien, n'en est pas moins très pratique et très facile à exécuter.

Voici en quoi il consiste :

La cocotte renseignée par le journal des gens du monde sur l'arrivée à Paris de « nobles étrangers, » ou bien par son *allumeuse* qui est en rapport avec les principaux hôtels de Paris, organise une soirée ; elle lance des invitations ainsi rédigées :

Monsieur,

« Voulez-vous me faire l'honneur d'assister à ma soirée musicale, qui aura lieu le 10 de ce mois; on y entendra un jeune ténor doué d'une voix extraordinaire.

« Léa de Sautopaf. »

Un jour, une invitation de ce genre fut adressée à un gentilhomme du Poitou que le journal indiquait comme garçon ; c'était une erreur, il était marié, il était descendu avec sa femme et ses deux filles au Grand-Hôtel ; le père était absent, ce fut la mère qui reçut l'invitation ; le soir, en grande toilette, elle et ses deux filles faisaient, dans le salon de la cocotte, une entrée à sensation.

Cette cocotte sur le retour était en même temps une proxénète fort connue. Elle pria la mère de passer dans un salon voisin, croyant qu'elle lui amenait les deux jeunesses pour en trafiquer ; sans préambule, elle lui demanda si elles étaient dans le commerce depuis longtemps et combien elle en voulait.

La mère ne comprenait pas.

— Mais nous ne sommes pas dans le commerce, répondit-elle, nous habitons notre château dans le Poitou, vous devez le savoir, puisque vous avez adressée à mon mari, M. le comte de X.., l'invitation que voici.

La proxénète comprit le quiproquo, et comme elle était bien avec la préfecture de police, elle essaya d'éviter le scandale, elle expliqua à la mère que toutes les demoiselles qui étaient au salon étaient des actrices et que.... que.... c'était une invitation pour hommes et non pour femmes. L'aventure en resta là.

Un autre moyen tout à fait nouveau est employé par une vieille garde, de celles qui se rendent mais ne meurent jamais.

Elle adresse la lettre suivante à un certain nombre d'hommes du monde :

Monsieur,

Une malheureuse jeune fille, musicienne distinguée, douée d'une jolie voix vient d'être abandonnée par sa mère. Son père, un misérable, ce terme est encore trop doux pour qualifier sa conduite, veut la séduire, elle a résisté jusqu'ici, mais le pourra-t-elle longtemps?

Elle est appelée à un avenir magnifique, elle vous a remarqué et vous aime ardemment, elle a besoin de votre amour pour vivre heureuse et la sauver.

Venez au plus vite.

Louise de B....

Les heures varient, afin que les clients ne se rencontrent pas.

Il va sans dire que c'est une pauvre fille qu'elle exploite audacieusement ; à la fin de la journée, elle lui donne deux louis pour une demi douzaine de séances plus ou moins prolongées !

Ceux qui s'aperçoivent de la mystification n'ont garde de se plaindre, mais ils se vengent à leur manière

Une vieille garde du genre de Louise de B.... était tranquillement, un matin, en train de se maquiller consciencieusement, pour

Réparer des *nuits* l'irréparable outrage.

Elle entend un vigoureux coup de sonnette ; la femme de chambre alla ouvrir et vint lui dire que c'était un jeune homme qui désirait la voir ; elle continua son travail, intérieurement flattée de cette visite matinale. Autre coup de sonnette, autre visite. Enfin, en un quart d'heure, le salon était plein ; dix minutes plus tard ce fut le tour de la salle, puis de la cuisine, il y en avait jusque sur le palier, le concierge furieux ne savait à qui répondre.

Enfin elle fit son entrée, tous poussèrent un cri en la voyant ; elle, sans se démonter, elle en avait bien vu d'autres, elle leur demanda ce qui lui valait l'honneur de leur visite?

Chacun des visiteurs sortit de sa poche un billet ainsi conçu :

Madame Louise de B... prie monsieur X... de lui faire l'honneur de passer chez elle le 15 courant à dix heures du matin.

Elle comprit la mystification, mais n'en connut jamais l'auteur, qui aujourd'hui est un journaliste des plus en vue.

III

La cocotte objet de luxe. — Des huissiers spécialistes. — L'amer Picon. — Mon loulou chéri. — La gueule, c'est bien, mais le reste? — Cinq cents francs. — Un clerc d'huissier canaille. — Un usurier féroce. — On ne montre pas ça aux huissiers. — Deux diamants dans le pot de nuit. — Une vengeance parfumée. — Le bal du Moulin de la Galette. — Les amateurs de chopins. — Les arrivées. — La chasse au petit gibier. — Le raccrochage.

La cocotte, grande ou petite, calée ou non, a des hauts et des bas, même dans sa jeunesse; comme elle n'est pour celui qui paye qu'un instrument de plaisir ou de caprice de la mode, un objet de luxe, elle est aussi souvent lâchée qu'en exercice, et, comme sa dominante n'est pas l'économie, le jour ou le *miché* fait relâche, la *dèche* arrive à grands pas, et l'huissier entre en scène, l'horrible huissier avec ses deux sales acolytes ; alors ce sont des scènes inénarrables, une lutte de Peaux-Rouges, l'une pour échapper à l'oiseau de proie officiel, l'autre pour saisir les épaves que la malheureuse a pu cacher pour en faire argent et attendre les jours heureux prédits par la *maquilleuse de Brèmes.*

Il y a des huissiers qui ont la spécialité des cocottes ; ce ne sont pas les moins féroces, et si leurs griffes sont dissimulées sous des gants jaunes, elles n'en sont pas moins acérées.

Un, entre autres, qui porte le nom d'un apéritif célèbre est renommé pour ses exploits et son ingéniosité ; tous les moyens lui sont bons.

Une grande cocotte illustre par son esprit avait été lâchée par son entreteneur, à la suite d'une répartie trop franche ; elle était avec lui aux bains de mer de Trouville. Un jour, il eut à régler des affaires d'intérêt dans une grande ville du midi ; avant son départ, il lui laissa une grosse somme pour subvenir à ses besoins et à ses fantaisies, en lui recommandant d'être *bien sage ;* la belle promit tout et plus encore et embrassa tendrement « son petit loulou chéri. »

Il partit et resta une quinzaine de jour absent. Une nuit il revint à l'improviste, se pourléchant d'avance du plaisir qu'il allait éprouver après un aussi long jeûne ; il sonna, carillonna pendant une bonne demi-heure ; la pauvre petite, pensait-il, comme elle dort du sommeil du juste.

Enfin, la porte s'ouvrit, il fit irruption dans

la chambre à coucher, et d'un coup d'œil ra-rapide, il inspecta la chambre ; elle feignait de dormir, mais il remarqua la disposition des oreillers qu'elle n'avait pas eu le temps de remettre à leur place, il comprit qu'elle n'était pas seule ; il l'éveilla, elle sauta à bas du lit en chemise de nuit plus que transparente qui laissait voir en entier un corps admirable, une chair rose, vivante, frémissante; elle voulut se précipiter à son cou, il la repoussa brutalement.

— Tu n'étais pas seule ici? lui dit-il.

— Si, mon petit homme aimé, répondit-elle.

Il lui montra les oreillers, et en même temps sur la table de nuit un brûle-gueule.

Elle baissa la tête, prise au piège.

— Ce que tu as fait là est mal, lui dit-il, tu n'avais besoin de rien, je t'avais laissé une somme plus que suffisante pour que tu puisses attendre mon retour.

— C'est vrai, répondit-elle, tu avais bien pensé à la gueule, mais le..... reste?

Abasourdi, il la quitta.

Le rapin qui lui avait fourni le...... reste était un panné, elle vécut quelque temps avec lui et dut retourner à Paris absolument vannée de toutes les manières.

Aussitôt, le bruit de sa rupture se répandit

chez ses fournisseurs, et ils accoururent en foule ; le papier timbré commença à pleuvoir. L'huissier l'*Amer* fut chargé d'instrumenter, il ne put malgré ses recherches que saisir un mobilier sans valeur. Pourtant, un soir il la rencontra couverte de diamants dans un endroit public, il retourna chez elle, pour opérer le recollement, et fouilla les meubles, remua les matelas, le sommier, rien ! rien !

Où diable pouvaient être les fameux diamants ?

L'huissier l'*Amer* n'en dormait plus ; ils étaient son supplice. Quand par hasard il dormait, il s'éveillait en sursaut, se levait en chemise et parcourait son appartement, obsédé par son idée fixe : trouver les diamants. Une nuit, il se brûla les doigts à la veilleuse qui éclairait les waters-closets, croyant saisir un solitaire.

Enfin, de guerre lasse, voici ce qu'il imagina :

Il avait pour clerc, un joli garçon, un beau de province, gascon par dessus le marché et peu scrupulenx, la précieuse qualité requise pour un aspirant huissier ; il le fit mander dans son cabinet et lui tint ce langage :

— Voulez-vous coucher avec une jeune et jolie femme, une des plus célèbres cocottes de Paris ?

— Assurément :

— Voici cinq cents francs, vous allez vous faire passer pour un grand seigneur, vous *la lèverez*, elle vous emmenera coucher chez elle, vous ferez bien attention où elle cachera ses diamants ; à l'heure réglementaire, j'arriverai, vous me direz où ils sont.

Le programme fut exécuté le jour même.

Le lendemain matin, vers dix heures, l'huissier l'*Amer* arriva, il se précipita dans la chambre à coucher ; la pauvre enfant dormait dans les bras de la canaille de clerc ; au bruit que fit l'huisser, ils s'éveillèrent.

Le clerc s'assit sur son séant et dit :

— Patron, c'est là !

En même temps il désigna le ciel de lit ; c'était en effet la fameuse cachette.

Furieuse, elle se leva et coiffa le clerc d'un pot de chambre plein jusqu'au bord !

Tous les huissiers n'ont pas la veine de l'huissier l'*Amer* et tous les clercs ne sont pas aussi crapules.

Dans les dernières années de l'empire, il existait rue de Rennes une des plus belles femmes de Paris ; sa chevelure, d'un roux naturel, faisait l'admiration des connaisseurs ; c'était la vraie femme rêvée par Rubens. Elle était entretenue par le secrétaire général de la préfecture de police.

C'était une femme à outrance, qui aurait dévoré l'or du monde entier ; elle était criblée de dettes et avait tous les huissiers de Paris à ses trousses.

Elle possédait une collection de bijoux merveilleux et un mobilier splendide, mais chaque fois que les huissiers arrivaient pour saisir, pas moyen de mettre la main sur le plus petit bijou.

Un jour, elle fut poursuivie à boulet rouge, à la requête d'un ignoble usurier de la rue Monthyon. L'huissier arriva, accompagné de ses hommes et de son premier clerc ; ce dernier avait pour mission de chercher les fameux bijoux. Le clerc, un brave garçon bien connu à Montmartre sous le nom de *Lapin*, pénétra dans la chambre à coucher, pendant que l'huissier instrumentait dans le salon ; il y trouva la maîtresse du logis nonchalamment étendue sur une chaise longue, il lui demanda à brûle-pourpoint où étaient les bijoux.

Elle se leva, fit jouer un ressort dissimulé dans un panneau du lit et tira un tiroir. *Lapin*, ébloui, le referma aussitôt et lui dit :

— On ne montre pas ça à des huissiers.

Jamais on ne put saisir les diamants.

Moins heureuse fut cette pauvre cocotte, qui, étant couchée, avait placé des bijoux dans une coupe sur la cheminée; elle entendit sa bonne ouvrir la porte, elle reconnut les visiteurs, elle n'eut que le temps de sauter à bas de son lit, de jeter les bijoux dans le pot de nuit, de retrousser sa chemise et de s'asseoir sur le pot. L'huissier entra aussitôt ; la bienséance lui ordonnait de se retirer, mais les huissiers ne connaissent pas cela; flairant quelque chose, il voulut la faire lever, elle résista; enfin, voyant que c'était peine perdue, elle foira dans le pot et le tendit tout fumant à l'huissier qui en prit plus avec son nez qu'avec une pelle, mais il eut la compensation de voir à l'œil qu'elle était bien en *demi-lune*[1], ce que certains eussent payé fort cher.

C'est égal ce n'était pas une vengeance parfumée !

En Angleterre, une disposition de la loi anglaise protège les femmes dont l'immoralité est notoire.

Un créancier ne peut faire saisir ni leurs robes, ni leurs jupons, ni leurs bijoux, *ces objets*

[1] *Demi-lune*, fesses.

sont reconnus par la loi comme instruments de travail.

Les grandes cocottes ont leur jour au *Bal du Moulin de la Galette*, généralement le dimanche.

Ce Bal est situé tout en haut de la rue Lepic, à Montmartre. Pour y arriver, c'est une véritable ascension.

Ce Bal tire son nom de quelques débris de vieux moulins qui, affirme la légende, existaient au temps où le bon roi Henri IV assiégea Paris et fut l'amant de la belle abbesse, Marie de Vauvilliers. Il existe encore un de ces moulins qui porte une date ancienne; est-elle authentique?

Les uns disent oui, les autres disent non, tous ont d'excellentes raisons pour appuyer leurs dires.

Ceux qui vont à cet endroit pour s'amuser ne se piquent pas de connaissances archéologiques; peu leur importe le passé et même l'avenir; ce qui les préoccupe, c'est le présent, leur devise est : *tout à la joie !* Comme ils ont raison.

Ce bal est à 3.500 mètres au-dessus du niveau du boulevard des Italiens, il est encore à une hauteur plus élevée de ce qu'on est convenu d'appeler la morale, non pas que je veuille dire que, dans la salle, le chahut y règne en maître, et qu'il soit tout-à-fait impossible à une mère d'y conduire sa fille ; le profane n'y voit rien en apparence de répréhensible.

Les calicots y viennent s'amuser à bon marché, dix sous d'entrée; ce sont les *danseurs figurants* qui donnent de l'animation à ce bal et forment le fond de la clientèle.

Il y vient également beaucoup d'amateurs, des vieux beaux, dans l'espoir d'y faire un bon *chopin* [1]; ils ont de quoi faire, le *gibier* ne manque pas, ils n'ont que l'embarras du choix, et il faut être rudement difficile pour en revenir bredouille.

On n'y entre pas en tablier, ni en bonnet, le tablier est proscrit; le contrôleur vigilant, cerbère impitoyable, fait respecter la consigne, elles n'ont même pas, comme autrefois, à la Reine Blanche, la ressource de les mettre au vestiaire, c'est peut être une mesure de prudence pour les empêcher de jeter leur bonnet par-dessus les moulins !

Les cocottes en vogue reviennent au *Moulin de la Galette*, le lieu de leurs débuts, pour *épater* les camarades qui n'ont pas réussi ; elles étalent complaisamment leurs toilettes tapageuses et

[1] *Chopin*, affaire. *Gibier*, femmes.

surtout leurs diamants ; elles dansent comme autrefois, se rappelant sans doute quand elles lâchaient l'atelier, le lundi, qu'elles laissaient, aux mains d'une amie, ou chez un marchand de vins du voisinage, leur petit panier d'osier qui avait contenu les vivres de la journée, panier que la mère prévoyante garnissait chaque matin.

Elles se souviennent, quand elles rentraient en sueur, rouges, essoufflées au domicile paternel, comme la mère grondait : — Coquine, fainéante, propre à rien, tu ne seras jamais qu'une salope ; et autres aménités plus salées encore.

Les petites gueuses répondaient invariablement : J'ai veillé pour finir un travail pressé, et comme il est tard, j'ai eu peur des hommes dans la rue, j'ai couru pour arriver plus vite, c'est pourquoi je suis essoufflée !

Temps heureux et lointains !

Quand elles font leur entrée au bal, les camarades se les montrent du doigt. — La *veinarde*, disent-elles ; elle est *arrivée*, elle avait pourtant une sale gueule, c'est pas nous qu'aurions eu cette chance-là ?

Les *arrivées* dansent, se retroussant hardiment pour laisser voir un bas de soie rose ou noir, selon la saison, et des souliers minuscules en yeau mordoré qui n'a rien de commun avec le modeste et grossier soulier éculé, acheté d'occasion, au Temple, qui faisait leur bonheur de jadis.

Elles quittent la Maison Dorée, le Café Anglais, un appartement bien chauffé, parfumé, le champagne pétillant dans les coupes de mousseline, pour une atmosphère saturée de toutes sortes d'odeur, de pommade au saindoux, de lubin de bazar, de tabac, de sueurs combinées, et boire comme autrefois un saladier d'atroce vin, épais, écœurant, ou un bischoff de vin blanc.

Elles ont la nostalgie de la boue, comme d'autres la nostalgie des champs où elles ont été élevées.

Cela les change et leur procure une jouissance nouvelle, de revoir les Alphonses qui les battaient comme plâtre, de se se suspendre à leurs bras, câlinement, et, d'étaler un luxe de linge inouï dans un pharamineux cavalier seul.

Plus d'une se dit tout bas : — Mon ancien homme est une crapule, un maquereau, mais c'est un homme, il a du poil, des biceps, tandis que mon crevé, on pourrait voir le jour au travers.

Les proxénètes y travaillent dans les grandes largeurs ; là, elles s'approvisionnent de chair plus ou moins fraîche, tendre, cela est certain, mais fraîche, c'est une autre affaire ; il est vrai que les établissements de bains n'ont pas été faits pour les chiens.

La proxénète est reconnaissable à ses allures : Chargée de bijoux, vêtue de vêtements fripés et voyants, généralement teinte en blond, elle tourne autour des fillettes comme la hyène autour du cadavre qu'elle convoite, elle vient au *levage*, pour sa maison, pour la province, ou sur commande ; il faut la voir à l'œuvre.

Le public, au *Bal du Moulin de la Galette*, est des plus mélangés, on y trouve de tout, depuis la vieille putain maquillée comme une roue de carosse qui cherche une pratique complaisante, en payant, jusqu'à la gamine vicieuse dont les jupons courts laissent voir des jambes grêles que couvrent des bas sales et effilochés.

Le *raccrochage* est des plus curieux ; pour les indifférents, il n'y a dans les gens qui ont l'air de se rencontrer par hasard qu'un fait ordinaire, mais pour l'observateur, l'initié, c'est autre chose, c'est une étude pleine de tristesse et d'amertume.

Le *raccrochage* a lieu aussi bien dans le jardin

que dans la salle, c'est généralement la fille qui accoste l'homme, c'est dans les prix doux.

Le Moulin de la Galette fut le berceau d'un certain nombre de célébrités entre autres de la *Sauterelle*, de la *Goulue*, et d'une jolie fille surnommée : *Clair de lune* élève de la *Sauterelle*, car ces dames font des élèves ; un jour viendra où elles auront un livret, comme au salon ; mention honorable pour un bel effet de jambes, médaille de bronze pour le grand écart, première médaille pour un cavalier seul. *Clair de lune* aurait sûrement d'emblée la plus haute récompense, car sa danse n'est pas canaille, elle est même chaste, c'est peut-être un calcul de ne montrer que juste ce qu'il faut pour exciter la curiosité ; on m'affirme du reste qu'elle a pour devise : *da Lucem ut videas*. Éclaire pour voir.

IV

Le Bal de l'Elysée Montmartre. — Les Folies-Bergères. — Les Montagnes Russes. — Le Jardin de Paris. — L'Eden-Théâtre. — Le Moulin rouge. — Le Chat noir. — L'Abbaye de Thélème. — Le Divan Japonais. — Un carnet instructif. — Amour cosmopolite. — Le Truc des malins. — Deux noms illustres. — Tire-Bouchon. — Jeanne Blin. — L'assassin Marchaudon. — Une étoile qui file. — Un discours imprévu. — Parisel le grand français. — La pipe du duc. — Un coup raté. — Les deux amies. — Lisa.— Un Auvergnat intrigué. — La saucisse du réserviste.

Le *Bal de l'Elysée Montmartre*, les *Folies-Bergères*, les *Montagnes Russes*, le *Moulin rouge*, le *Divan Japonais*, l'*Abbaye de Thélème*, le *Chat noir* et le *Jardin de Paris* sont les endroits favoris des cocottes de marque; elles y viennent pour s'amuser et aussi pour raccrocher; il s'y glisse bien quelques cocottes à *la mie de pain*, mais c'est la minorité.

Elles fréquentent, suivant la mode, tantôt un endroit, tantôt un autre. Pour le moment ce sont : *le Divan Japonais* dirigé par le poète

Jehan Sarrazin, le *Moulin rouge* dirigé par Zidler, et l'*Abbaye de Thélème* sauvée du naufrage par M. Bonhomme, secondé par Paul Borelly, l'ancien gérant du *Helder*. En voilà un qui en a vu défiler de toutes les couleurs ! Malheureusement il est muet comme une carpe ; devoir professionnel, dit-il majestueusement quand on l'interroge, comme noblesse, profession oblige. Les bourgeois qui viennent faire leurs fredaines à l'abbaye peuvent s'ébattre en toute sécurité dans les cabinets particuliers.

Toutes les cocottes chics ont adopté Montmartre, je ne suppose pas que ce soit à cause de la proximité des moulins, car, sûrement, il y a longtemps qu'elles n'ont plus de bonnet à jeter par-dessus.

Chez Sarrazin, elles vont au concert jusqu'à 11 heures, elles sont au premier rang pour organiser le boucan et hurler la fameuse scie :

Napoléon est mort à Sainte-Hélène,
A Sainte-Hélène est mort Napoléon,
Si Napoléon n'était pas mort à Sainte-Hélène ;
A Sainte-Hélène serait pas mort Napoléon.

Le pauvre Sarrazin a beau prier, implorer, gronder, pour obtenir le silence, c'est peine perdue, on lui rit au nez ; il fait mine de s'arracher les cheveux, douce illusion, car il les a perdus en se creusant la cervelle pour composer de jolis sonnets qui seront célèbres un jour, tout comme son volume de nouvelles : *Au galop* et comme son roman : *Le Journal de Jane.*

Après 11 heures, ces dames descendent au sous-sol pour écouter Clerville ; elles y restent jusqu'à deux heures du matin, puis elles vont souper à l'*Abbaye de Thélème*, se disputant pour être servies par *Athènes* qui n'a rien de la *nouvelle* ou par *Grégoire*, aussi illustre à Montmartre que son compatriote Garibaldi en Italie. Là, elles sont assurées de trouver des *michés* sérieux, si elles n'ont pas réussi au *Divan Japonais*, ce qui est rare, car le High-life a adopté Jehan Sarrazin, le poète aux olives.

L'*Elysée Montmartre*, ainsi que les établissements indiqués plus haut, sont le rendez-vous des « nobles étrangers » ; une visite à Paris serait incomplète sans accomplir une station dans chacun d'eux.

Un de mes confrères a ainsi résumé le carnet d'une jeune Horizontale qui tient en partie double ses intérêts et ses observations sur la clientèle cosmopolite :

« L'*Américain* arrive en courant, n'enlève

même pas son chapeau, n'embrasse pas, ne parle pas.

Généreux !

« L'*Anglais* a l'air tout penaud. Il faut éteindre les bougies et fermer les yeux.

« Cinq minutes d'entretien.

« L'*Italien* fait allumer tous les candélabres, laisse la beauté sans voile, contemple longuement.

« Plutôt *lapin*.

« L'*Espagnol* se met à genou et ferait volontiers un signe de croix avant...... la prière.

« Le *Nègre* a des frôlements bizarres de noir qui aspire à blanchir à la longue.

« Le *Chinois* fait frétiller sa queue, et mordille les nids d'amour posés sur la gorge comme si c'étaient des nids d'hirondelles. »

Complétons ces observations :

L'*Allemand* commence par allumer sa pipe, assujettit ses lunettes sur son nez, il ôte sa redingote et son gilet qu'il met sur le dos d'un fauteuil; méthodiquement, il défait ses bretelles puis...... demande un bock.

Très marchandeur, plus que voleur, n'a jamais assez pour son argent, se vautre comme le cochon.

Le *Belge*, pour une fois sais-tu mademoiselle, combien que tu me prendras? chez nous la viande n'est pas chère!

Adore les fioritures et répète toujours: Tu voye, mademoiselle, comment on annexe la France à la Belgique!

L'*Autrichien*, guindé, sanglé dans son gilet, a toujours peur de se casser, il procède avec une sage lenteur.

Le *Turc*, avec ces gaillards-là il faut savoir se retourner... Paie mal; rencontre dangereuse. A éviter.

Le *Grec*. Avoir soin de le faire attendre dans l'antichambre, serrer ses bijoux, faire son prix et faire payer d'avance; préfère comme costume des bas noirs et des jarretières à boucles d'acier; pas difficile à contenter.

L'*Arabe*, qu'Allah veille sur vous mes sœurs!

Le *Russe*, très généreux, très grand seigneur, veut tout, la croix et la bannière, mais ne couche jamais; s'il aime la France, c'est pour la Française.

Le *Brésilien*. Lapins sur toute la ligne, heureux encore quand il ne chipe pas les couverts, se fait généralement payer à dîner sous prétexte qu'il aime la vie de famille et déteste le restaurant.

Le *Parisien* paye peu, ne demande rien, mais prend tout !

Le *Provincial* n'a qu'une préoccupation, c'est qu'on lui prête une chemise de nuit, et quand il est couché, de cacher son porte-monnaie sous le traversin.

Le Bal de l'Elysée Montmartre, aux beaux temps de Mabille et de Bullier, n'avait ni la réputation, ni le public qu'il a aujourd'hui ; c'était un petit bal comme la Reine Blanche ou l'Elysée Ménilmontant ; sa clientèle était celle du quartier, des ouvrières endimanchées, des filles et des souteneurs. Après la disparition inexpliquée de presques tous les bals qui avaient fait la joie de nos aînés, l'Elysée Montmartre s'est transformé et est devenu le rendez-vous du *High-life ;* la grande putain y abonde, le choix est aussi considérable que sur un marché de Constantinople, avec cette différence toutefois que se sont elles qui offrent leur propre marchandise ; je dis propre, c'est affaire de goût.

On y danse pour la frime, c'est-à-dire que la plupart, la majorité même des visiteurs se contente de se promener et de boire. Aussitôt que l'orchestre joue l'ouverture d'un quadrille, des groupes se forment autour de deux ou quatre danseurs et se contentent de regarder. Toujours la même chose, une femme plus ou moins bien faite, généralement bien chaussée, qui lève la jambe plus ou moins haut, un certain nombre de fois, sans esprit, sans grâce ; c'est une exposition brutale et de mauvais goût, mais cela plaît à beaucoup d'habitués qui jugent la valeur approximative de la femme au lit, sur son déhanchement et les mouvements de cuisses.

Souvent, la désillusion est grande, et la satisfaction du *leveur* n'est jamais en rapport avec le prix payé.

Les malins ne *lèvent* jamais une femme dans le cours de la soirée, elles sont trop exigeantes, ayant toujours, jusqu'à la fermeture, l'espoir d'obtenir le prix fort ; ils attendent la sortie. Là, ils filent l'objet de leur choix, et presque toujours l'affaire se conclut à un prix modéré, à moins que la cocotte ne veuille *faire* le restaurant de nuit, auquel cas, elle envoie carrément promener le racoleur.

Ce bal a eu ses célébrités dansantes qui ont conquis une bonne place dans le monde galant, et une grande réputation dans la haute noce.

Les unes sont devenues actrices renommées, les autres possèdent chevaux et hôtels, et mènent un train de duchesse.

Tire-Bouchon fut une célébrité de l'Elysée-Montmartre. Grisée par son succès, elle descendit la butte et cascada au Casino-Vivienne ; un jour elle disparut de la circulation, ses camarades étonnées apprirent qu'elle s'était mise en ménage (mariée à la détrempe) avec un jeune peintre.

Elle était devenue sérieuse, répudiant complètement ses habitudes anciennes ; elle faisait le ménage de son amant ; on la citait comme un modèle.

La pauvre fille mourut misérablement.

Un matin, pour nettoyer les vitres d'une fenêtre, au premier étage d'une maison de la rue de l'Abreuvoir, elle était montée sur le rebord du balcon. Elle fut effrayée par un bruit quelconque et tomba, dans le jardin, si malheureusement, qu'elle se brisa les deux jambes. Très bien soignée, elle était en voie de guérison ; prise d'impatience, elle se leva trop tôt, une inflammation se déclara et elle fut atteinte d'une fièvre purulente, qui l'enleva en quarante-huit heures.

Circonstance singulière : une ancienne célébrité chorégraphique de Mabille prononça un discours sur sa tombe.

On y rencontre presque régulièrement une

célébrité d'un autre genre, Jeanne Blin, l'ancienne maîtresse de Marchandon, lequel fut exécuté pour l'assassinat de la rue de Séze ; elle a changé de nom, elle se fait appeler *Jeanne France ;* nous avions déjà un pseudo sculpteur de ce nom, les deux font bien la paire !

Le Tout-Paris-Montmartrois a connu Parisel, grand comme un jour sans pain, géant dégingandé, supporté par des pieds immenses : ses souliers eussent pu servir au professeur Angelici pour y serrer sa mandoline. On l'avait surnommé le Grand Français.

Voici à quelle occasion :

Je ne sais comment il était un jour parvenu à se faufiler dans la suite de M. Ferdinand de Lesseps qui se rendait à une inauguration quelconque, à Budapest, je crois. Dans cette ville, ils furent reçus royalement. Une jeune fille, d'après le programme, devait présenter un magnifique bouquet à M. de Lesseps ; on lui avait tourné un compliment qu'elle devait réciter en offrant le bouquet, on lui avait dit : Tu le présenteras au Grand Français.

Arrivée devant le groupe formé par M. de Lesseps et sa suite, la jeune fille fut embarrassée : à qui remettre le bouquet ?

Elle se souvint qu'on lui avait dit : Tu le remettras au Grand Français ; elle aperçut alors Parisel qui dominait le groupe de toute la hauteur de sa tête, elle lui remit le bouquet et lui récita son compliment. On pense si l'assemblée partit d'un éclat de rire en voyant la méprise de la fillette.

Depuis cette époque, Parisel répétait sans cesse : Il n'y a que deux Grands Français en France, moi, et M. de Lesseps.

Quand on demandait à Parisel quelle profession il exerçait, il répondait invariablement : Parasite, métier facile à exercer en voyage.

Il était l'ami d'un peintre, amant à ce moment de mademoiselle L....., une ancienne célébrité du bal de l'Elysée Montmartre. Selon son habitude, il était hébergé dans la maison et hébergé sans regrets. Il avait la douce manie de fumer constamment ; plus sa pipe était vieille et culottée, plus elle empestait la nicotine, plus sa jouissance était grande. Il affectionnait tout particulièrement un ignoble brule-gueule en bois de bruyère qui lui avait causé la peine de le ramasser sur une table où l'avait oublié un sale ivrogne. Son bonheur était complet, quand, assis confortablement dans un excellent fauteuil, il le fumait lentement, savamment. Un soir, lui, qui débourrait chaque fois sa pipe avec une tendresse ineffable, il s'aperçut qu'elle était pleine de tabac étranger; il se leva furieux :

— Nom de dieu! cria-t-il, quel est le cochon qui a fumé dans ma pipe? Si c'est ton Duc, il ne peut donc pas se payer une pipe de vingt-cinq sous! Dis-lui que je vais ouvrir une souscription au *Chat Noir* pour lui en acheter une.

Mademoiselle L..... avait une villa à Granville. L'été, elle emmenait une bande amusante, son amant, l'inévitable Parisel, L..... d'O......, etc. etc.

Un jour, arriva à Granville une chanteuse bien connue, une Lesbienne des plus distinguées; mademoiselle L......, aussitôt qu'elle apprit son arrivée, lui écrivit : — Attendez-moi vers minuit!

La chanteuse, qui voulait utiliser sa soirée, coucha avec Parisel, pensant qu'une conversation vive et animée l'empêcherait de s'endormir; malheureusement Parisel était plus gueulard qu'amoureux; à peine couché, il ronfla comme un bienheureux. Elle en fit autant de son côté. A l'heure exacte, un violent coup de sonnette ébranla la maison : c'était mademoiselle L....., qui arrivait impatiente d'embrasser son *amie*. Parisel, éveillé en sursaut, sauta du premier étage dans le jardin, absolument en costume primitif.

Une scène épouvantable eut lieu entre les *deux amies*... Le lendemain matin, on les rencontrait bras dessus, bras dessous... Quant à Parisel, il coucha sur la plage et dut le lendemain repartir pour Paris.

Parisel fut trouvé un matin, quelques années après, asphyxié dans son lit, par le gaz qui s'était échappé d'un bec qu'il avait oublié de fermer en se couchant.

Lisa, une des fidèles de l'Elysée, s'est mariée récemment ; elle est devenue une femme des plus rangées.

A ce sujet on m'a raconté cette petite histoire :

Un matin, le commissionnaire qui stationne habituellement au coin de la place Blanche et de la rue Fontaine vit une fenêtre au quatrième étage s'entr'ouvrir et Lisa, en toilette du matin, apparaître dans l'encadrement.

Elle fit signe au commissionnaire, celui-ci s'empressa de monter ; elle lui remit un petit paquet, en lui disant simplement : Pour vous.

L'auvergnat, intrigué, revint à sa place, et s'empressa de développer le paquet.

A sa grande stupéfaction, il contenait une saucisse de Francfort enveloppée dans du papier de soie; puis, à part, dans un autre papier, vingt-cinq centimes.

Il flaira la saucisse, la chair en était rose et appétissante, elle exhalait un doux parfum, séduisant, délicieux, comme si elle avait été cuite dans un court bouillon additionné d'eau de Lubin, en guise de vin blanc.

— Elle est bien aimable, la dame, pensa l'auvergnat, la saucisse sera pour mon déjeuner, et les cinq sous pour l'arroser d'un demi-setier du bon vin de la payse Cambournac qui tient en face un débit : *Au cocher fidèle !*

A midi, il mangea la saucisse, il la trouva si exquise, qu'il déplora qu'elle fût solitaire.

Le lendemain matin, il leva la tête et presque à la même heure le manège de la veille se reproduisit.

Il mangea encore la bienheureuse saucisse, sans penser à se demander les causes de la libéralité de la dame du quatrième.

Comme il était jeune, pas mal tourné, des épaules carrées, l'idée lui vint que peut-être la dame du quatrième était veuve, qu'elle était amoureuse de lui, et que pour le séduire, elle employait le moyen de le nourrir ; qu'au lieu de le prendre par le cœur, elle le prenait par la gueule. Il se débarbouilla, se pomponna, mit tous les jours sa belle veste neuve, d'un beau bleu à reflets chatoyants ; il abandonna ses godillots pour une paire de bottines à 12 fr. 50 ; bref, comme, tous les jours, il montait chercher sa saucisse et ses cinq sous, il finit par se persuader qu'un jour ou l'autre, il serait appelé à la partager avec la belle inconnue.

Le vingt-neuvième jour, la fenêtre ne s'ouvrit pas !

Désolation de l'auvergnat qui refusait de faire ses courses pour ne pas perdre de vue la bienheureuse fenêtre. Enfin, vers les deux heures, elle s'ouvrit ; il se précipita, il monta rapidement les quatre étages. Lisa qui l'avait vu venir, était sur le carré, mais les mains vides ; elle lui dit rapidement :

— Mon mari est revenu de faire ses vingt-huit jours !

L'auvergnat n'a pas encore compris !

Dans les autres établissements : aux *Folies-Bergères*, aux *Montagnes russes*, au *Jardin de Paris*, à l'*Eden-Théâtre*, le raccrochage ne diffère pas sensiblement, c'est toujours le même truc : ou la cocotte ramène le soir même, ou elle donne sa carte pour le lendemain.

Elles appellent cela *faire* un homme, comme le boucher à l'abattoir dit : Je *fais* un bœuf !

V

Plutôt mourir que vieillir. — Le lierre pousse sur les ruines. — Une recette pour se conserver. — Un supplice de tous les jours. — L'émaillage et la patte d'oie. — Couturière et lingère. — 32,000 francs de pantalons avantageants. — Une chemise de nuit de 480 francs. — Une société en commandite. — Cocotte et grande dame. — Le jeu du secrétaire. — La Goulue épouse M. Vergoin. — Le Schah marchand de coco à l'exposition. — Mlle de Sombreuil entretient le Bosphore. — Une différence promptement gagnée. — Esther Guimont. — L'amour dans les latrines. — Un allumeur de réverbère chançard.

La cocotte ne veut pas vieillir, elle ne veut pas être exposée à une réponse semblable à celle ci :

Une vieille. très vieille garde, avait un jeune Sigisbé qui, tous les jours, lui apportait un bouquet de violettes entouré de feuilles de lierre. Elle s'en parait avec bonheur, elle l'étalait à son corsage. — Pourquoi diable, dit une bonne camarade, se pare-t-elle d'un bouquet entouré de si vilaines feuilles ? — C'est, répond l'amie, que le lierre se plaît sur les ruines !

Aussi, elles mettent tout en œuvre pour retarder l'instant fatal.

Il en existe une célèbre, très bien faite, dont le corps pourrait lutter, pour la beauté des formes, avec celui de Junon ; c'est dur et ferme comme du roc ; elle n'a besoin ni de baleine, ni de faux mollets, ni de tétons artificiels, tout est nature ; aussi elle porte un corset lâche qui maintient le sein sans le presser ; elle emploie, pour favoriser le développement des seins, des épaules et accentuer la rondeur des bras, une préparation savante, composée de myrthe, de pimprenelle, de musc et de fleur de sureau.

Afin d'éviter que sa chair ne devienne molle, elle se lotionne d'eau d'alun et d'eau-de-vie blanche ; pour lui conserver l'éclat de la jeunesse, elle prend des bains de lait ; au sortir du bain, sa femme de chambre la frictionne avec une éponge imbibée d'eau glacée, ensuite elle fait ses ablutions dans un bassin rempli d'eau de rose, d'essence de jasmin et de fleurs d'oranger.

Oh ! ce n'est pas fini.

Comme elle a de fort jolies mains et des pieds minuscules, pour conserver la blancheur de ses mains et leur délicatesse, en se couchant, elle les fixe au moyen de bandelettes aux colonnes en marbre de son lit. Quand ce système la fatigue trop, elle se couche avec des gants enduits intérieurement d'une pâte de savon doux, d'huile d'amande, d'esprit de vin et de musc; quelquefois, elle se contente de porter pendant son sommeil de simples gants de peau blanche. Pour prévenir la moindre rugosité, elle se lotionne de jus de citron, de vinaigre et de vin blanc mousseux.

Ce supplice de tous les jours atteint le comble de l'héroïsme. Jusqu'à l'âge de vingt ans, elle ne se couchait qu'après avoir entouré ses pieds et ses chevilles de bandages serrés.

Elle dédaigne l'*émaillage*.

L'*émaillage* n'est pas, comme on le croit, un *maquillage* perfectionné.

Les femmes qui attrapent la « patte d'oie » supportent l'opération suivante : on leur pratique des incisions à la peau et on y injecte des liquides qui pénètrent les tissus, les gonflent et remplissent les vides.

Il existe des *émailleuses* célèbres, pour homme et pour femme.

Elle emploie un moyen plus efficace.

Ce n'est pas une petite affaire, le cou s'allonge et se raidit insensiblement chaque jour, l'horrible patte d'oie s'empare des tempes, des fils d'argent émaillent sa chatoyante chevelure.

Que d'art, que de patience, que de soins il lui faut pour retarder la ride qui arrive par le train-rapide et réparer les désastres de la soixantaine !

Chaque soir, en se mettant au lit, elle applique sur son visage deux tranches de bœuf cru — le cuissot du bœuf est préférable — pour empêcher sa peau de se faner, mais cette opération efface les couleurs du teint, il faut les ramener ; pour cela, elle se frotte les joues avec du jus de betteraves, avec des fraises ou des mûres bouillies dans de l'eau de Benjoin, ou avec du Benjoin mélangé à quelques gouttes d'eau arsenieuse.

Pour les cheveux, autre travail.

Elle les brosse deux fois par jour et les nettoie chaque matin avec une éponge humide. Afin d'en prévenir la chute, elle se sert d'habitude pour ses cheveux d'une pommade composée de sciure de bois, d'esprit de romarin, et d'esprit de muscade.

Pour faire disparaître les scélérats de cheveux blancs, elle les colore avec de l'acide gallique et du sesqui-chlorure de fer

Ouf ! voilà un semblant de jeunesse bien gagné !

Après l'émailleuse, la grande préoccupation de la cocotte, c'est la couturière et la lingère.

Pour la toilette, quand nous les voyons passer à pied ou en voiture, nous pouvons juger de leurs efforts, mais à moins d'avoir le *moyen*, il est impossible d'explorer les *dessous* et de se rendre compte du luxe inouï de leur linge ; ce sont les tribunaux qui renseignent les peu fortunés. Ça fait venir l'eau à la bouche.

On peut en juger par ceci :

Une lingère, Mme P... avait fourni, à Cora Pearl, pour 32,000 *francs* de lingerie. L'infortunée lui redevait 4,500 francs environ ; la lingère impitoyable l'assigna ; sur la facture figurait *un drap de* 1,250 *francs*, puis un nombre incalculable de *sauts de lit :* il y en avait des *noirs*, des *mauves*, des *roses*, des *coccinelles*, des *lilas*, des *capucines*, des *oreilles d'ours*, des *gorges de pigeon*, des *verts bouteille*, des *rouges Véronèse*, des *jaunes Sgnanarelle* et enfin des *Bismarck !*

Les uns étaient à *bouillons*, les autres à *coques*, ceux-ci *bouffants*, ceux-la *collants*, mais le plus grand nombre étaient *avantageants*.

Cette note n'est rien à côté de celle que réclamait récemment, à une actrice qui joue tous les rôles, une couturière à la mode.

La voici :

Manon surah merveilleux, changeant, double crevette, garnie de rubans . . . . Fr. 200

1 robe de chambre, barège blanc et taffetas soucis, garnie volants et petits plis 200

1 robe de chambre crèpe de Chine rouge, doublée rose de Chine, garnie dentelles et rubans 550

Napperons granités, garnis guipures. 150

3 chemises de nuit batiste, garnies entre deux et Valenciennes. . 750

1 déshabillé surah rose crevette et gaze 500

1 matinée taffetas réséda . . . 230

2 paires jarretières 36

1 paire jarretières pompadour. . . 18

1 chemise de nuit, linon, garnie entre deux et haute Valenciennes . 480

1 chemise jaune entre deux, et Valenciennes, *dont un petit morceau à madame* 400

Il fallait sûrement une société en commandite pour payer tout cela !

La cocotte singe la grande dame. Si chez quelques-unes on joue au baccarat, chez d'autres on fait de l'esprit. Un jeu renouvelé de l'Empire, le *secrétaire*, est en ce moment en vogue.

On prend une grande feuille de papier, et chacun écrit une phrase sans connaître celle qui précède. Ce pot pourri aboutit à des miracles de bêtises et quelquefois à des rencontres ingénieuses.

Voici le résultat sur un sujet choisi : le *Schah de Perse*.

« Le Schah de Perse s'égara un jour à la « chasse.

« Il rencontra Sarah Bernhardt qui buvait une « absinthe avec le général Boulanger.

« Monsieur Thévenet monte à la tribune et « parle avec une rare éloquence.

« Mais voulant patiner sur le lac du Bois de « Boulogne, ils tombèrent tous dans l'eau.

« De là, ils se rendirent à l'Eden voir *Orphée* « *aux enfers* ; cette petite fête avait été précédée « d'un dîner chez Duval.

« Au dessert, la Goulue épouse M. Vergoin.

« Cependant, Mlle Marie Colombier avait attiré « les regards du Schah, et, en rentrant chez elle, « trouva huit chevaux blancs dans son boudoir.

« Le perroquet ne cessait de répéter : « Rendez-« la heureuse ! »

« Pendant ce temps, une révolte éclata au Sé-

« rail, le Schah fut avisé par le téléphone que « ses douze cents femmes demandaient à débu- « ter aux Folies-Bergères.

« Quoique logé aux frais de l'Etat, le Schah « couchait tous les soirs au refuge de la rue de « Tocqueville.

« Tout faisait pressentir quelque horrible tra- « gédie, et, en effet, quand le commissaire de po- « lice se présenta dans l'appartement, il trouva « Sarrazin, debout, au milieu de trente ca- « davres.

« Ruiné par le Panama et abandonné par ses « femmes, le Schah loue une boutique à l'expo- « sition universelle pour y vendre du coco.

« On découvrit alors que le Schah était un an- « cien souteneur qui, après avoir fait mettre à « mort son prédécesseur, avait usurpé le trône.

« Blessé à mort dans son duel avec Paulus, le « Schah fit appeler Marie Cliquet, le célèbre no- « taire et lui dicta son testament. Il laissait à « Mlle de Sombreuil le Bosphore à la condition « de l'entretenir.

« A ce moment, Barnum arriva à Paris et pro- « fitant de la détresse du Schah, il l'exposa aux « *Montagnes Russes* et le fit voir pour vingt-cinq « centimes.

« Ayant triomphé de tous ses ennemis, grâce

« au concours de Jeoffrin, le Schah retourna dans « ses Etats ; pour se soustraire à toute chance de « révolution, il fit enfermer son peuple dans une « prison d'Etat. Son règne fut long et glorieux.»

Les cocottes, dans le cours de leurs pérégrinations à la chasse à l'homme, en voient de toutes les couleurs. J'ai surpris au vol le dialogue suivant, entre la *Tosca* et un Marseillais, débarqué la veille à Paris pour visiter l'exposition.

— *Tosca:* Ah ! enfin, voilà donc un Marseillais, un vrai ; mon petit chéri, si tu veux m'accompagner, tu verras comme je suis aimable, j'adore les Marseillais.

— *Le Marseillais :* Non ! à Paris, les femmes ne sont pas intelligentes, tu n'y sais pas faire comme à Marseille.

— *Tosca :* Je suis Parisienne et je connais tout depuis le *baiser* à *l'hameçon* jusqu'à la *feuille de pivoine ;* allons, viens, laisse-toi faire, tu seras content.

— *Le Marseillais :* Non ! c'est de la blague, tu ne sais pas !

— *Tosca* : Eh ! bien tu m'indiqueras ce que tu veux.

— *Le Marseillais :* Je te dis que tu ne me le feras pas comme à Marseille.

La cocotte, impatientée:

— Dis-moi la manière.

— *Le Marseillais :* Té, on me le fait à l'œil !

Fuite de la cocotte.

La cocotte est âpre au gain, elle tire parti de tout, elle ne dédaigne aucun profit; dame ! elle a tant de frais.

Il en est qui tiennent régulièrement un carnet, au jour le jour : c'est la comptabilité du..... cœur. J'en ai connu une qui, en tête, avait inscrit cette devise : *Rigolat nec mergitur*.

M. Guilbon, le juge de paix le plus spirituel de Paris, siégeait il y a quelques années à la mairie du IXe arrondissement. Un jour d'audience, il vit arriver à la barre une cocotte connue sous le nom de la *Sauterelle ;* elle se plaignait qu'un garçon lui avait, en la servant, renversé sur sa robe une assiette de potage ; elle réclamait deux cents francs pour un lai qu'elle avait dû faire remplacer.

Le garçon coupable était à la barre avec ses quatre enfants et sa femme.

— Un lai ! un lai ! dit le juge de paix, qu'est-ce que c'est ?

On lui expliqua.

— Diable, combien donc vaut la robe ?

Le garçon offrait cinquante francs, la cocotte

ne voulait pas céder un centime : deux cents francs.

Le débat dura bien une demi-heure.

— Enfin, finit par dire le juge de paix, regardez, mademoiselle, ce brave garçon avec ses quatre enfants ; cinquante francs pour lui, c'est une somme, allons acceptez, vous aurez vite d'un seul coup gagné la différence !!

D'autres, comme Esther Guimont, quand elles deviennent vieilles, qu'elles ne trouvent plus le placement de leurs débris, malgré la science de l'émailleuse dans l'art d'accommoder les restes, malgré les pantalons *avantageux*, pratiquent le chantage effrontément ; elles offrent à leurs anciens amants mariés, ou à leurs anciennes *amies*, de leur restituer la correspondance échangée aux jours de jeunesse ; cela réussit souvent et quelques-unes vivent de ce joli métier.

Malgré son grand âge et sa laideur remarquable, la Guimont ne désarma jamais ; les amants qu'elle ne trouvait plus en haut, elle les cherchait en bas. Je me souviens d'une aventure qui lui arriva et qu'elle aimait à raconter.

Un jour elle allait à Marseille, à une petite station située entre Chalons-sur-Saône et Tournus, à Sennecey-le-Grand, je crois ; elle sentit qu'elle tenait par quelque lien secret à l'infirme nature humaine.

Il faisait une nuit noire comme le cul du diable.

A l'arrêt du train, elle descendit de son compartiment et se dirigea vivement et directement vers l'indispensable petit édifice, dont la porte est ordinairement gardée par un cerbère féminin dans la main duquel il est de toute nécessité, avant de satisfaire la sienne, de mettre 15 centimes.

Comme il était tard, la préposée était allée se coucher.

Elle franchit précipitamment la porte et la tira derrière elle.

Une seconde porte se présenta qui était fermée avec plus de soin encore, si bien que, lorsqu'elle voulut sortir, impossible.

La porte ne s'ouvrait qu'extérieurement.

Après de grands efforts inutiles, elle frappa, appela, doucement d'abord, puis énergiquement, puis enfin se mit à crier, car la cloche, signal du départ, se faisait entendre, le coup de sifflet retentit.

Elle se décide alors à faire un vacarme épouvantable, mais le train faisait plus de bruit qu'elle, et aussitôt qu'il était parti, les employés avaient quitté la gare, n'attendant plus de train qu'à cinq heures du matin.

Cependant, quelques minutes plus tard, un espoir luit pour elle dans cette nuit horrible, des pas se faisaient entendre.

Alors elle rassemble ses forces, renouvelle ses cris de détresse ; les pas étaient ceux d'un modeste éteigneur de réverbères qui achevait sa dernière ronde.

Il eut vite compris le cas de la prisonnière et lui répondit poliment :

— Attendez un peu, madame ; je sais comment on ouvre la porte en dedans, je vais vous délivrer.

Aussitôt dit, il appliqua son échelle contre la porte, entra par le vasistas, s'élança, tomba à côté de la prisonnière, déjà ravie, mit la main sur la serrure et s'aperçut qu'il s'était trompé, lui aussi.

La coquine de serrure refusa d'obéir à la pression de ses doigts vigoureux comme elle avait résisté aux mains délicates de l'infortunée.

Ils appelèrent et crièrent de rechef en duo ; ce fut absolument comme s'ils chantaient.

Il fallait bien qu'ils en prissent leur parti.

Il s'assit dans un coin, mit sa conquête de hasard sur ses genoux, la couvrit comme il put avec sa veste, puis... cinq heures du matin arrivèrent et ils furent délivrés. .

— Jamais, disait-elle, je n'ai été à pareille fête.

Elle fut reconnaissante, car l'éteigneur de réverbères est aujourd'hui un haut personnage de la compagnie !

Malgré leur ignorance crasse, les cocottes affichent des prétentions artistiques ; elles sont plus généreuses avec les artistes que certaines grandes dames, il est vrai que ce sont les maris de ces dernières qui paient leurs caprices.

L'une d'elles avait entendu parler d'un délicieux portrait de la duchesse de Polignac, en pied, dans un parc, tenant un éventail plié, coiffée d'un chapeau paille et satin crême, la taille entourée d'une longue écharpe mauve, vêtue d'une robe crême avec une simple rose au corsage. Séduite par le récit qu'on lui avait fait de ce magnifique portrait, elle voulut à toute force avoir quelque chose du peintre ; elle se procura son adresse, et un matin, elle envoya son amant à l'atelier d'Eugène Defeuille, le miniaturiste célèbre, auteur du portrait de la duchesse.

— Je voudrais un éventail ; combien me prendrez-vous ? dit-il au maître peintre.

— Cinq mille francs.

Defeuille peignit un splendide éventail, un véritable chef-d'œuvre.

Un soir, il vit arriver dans son atelier une femme voilée.

— Je viens prendre livraison de l'éventail que vous a commandé le prince de X...

Il le lui donna.

Le lendemain, la cocotte arriva accompagnée de son amant pour le réclamer.

— Mais je l'ai livré hier soir, dit le peintre.

Fureur de la cocotte ; le prince de X... qui avait compris, paya sans mot dire.

Depuis ce temps, quand on parle devant elle du talent du miniaturiste pour peindre les fleurs, elle répond dédaigneusement ce n'est pas vrai puisque c'est un peintre *Defeuille !*

VI

La cocotte aime-t-elle? — Un martyr. — Vaines résolutions. — Une vie infernale. — 2,000 francs de loyer. — Conversation édifiante. — L'amant de cœur. — Monsieur Bath au Pieu. — L'estampeuse. — Napoléon III et miss Howard. — M. de M..... et la niche à fidèle. — Je la quitte et je m'acquitte. — Une cocotte caissière d'un prince prétendant. — Il arrive! il arrive? — Un maréchal de France commandité par une actrice. — Un singulier marteau. — Cora Pearl. — Un intendant à trois ponts. — Mlle Duverger. — Mille francs la séance. — Times is money. — Tarif d'un gymnasiarque. — Un caprice de cinq mille francs. — Cinquante francs pour une nuit. — Le monsieur du lac d'Enghien.

La cocotte est-elle susceptible d'aimer?

Certainement, mais c'est une surprise, une aberration passagère, *c'est du temps de perdu!*

L'*amant de cœur* est un joujou pour combler le vide de la maison.

J'ai connu un homme de lettres, qui devint amoureux fou d'une fille célèbre au Helder, où elle était connue sous le nom de *la Charbonnière*.

Il l'avait rencontrée une nuit et aussitôt il s'était mis à l'aimer, sans raisonner ; petit à petit, il en était arrivé à vivre maritalement avec elle ; le monde, intolérant, le fuyait comme un lépreux, un paria, un cholérique ; il sentait peser sur ses épaules ce lourd fardeau. Quand il allait chez des amis, il voyait sur leurs lèvres un mauvais sourire ; on ne lui disait pas ouvertement : Tu es l'*amant de cœur* d'une telle, mais il le comprenait, il n'avait ni la volonté, ni le courage de se soustraire à la fascination qu'elle exerçait sur lui.

C'était pourtant jadis un fier garçon qui eût pu marcher la tête levée dans la vie et dire hautement : Je me nomme un tel ; eh bien, il préféra marcher dans l'ombre, subir *tout*, *tout*, plutôt que de la perdre. Ce malheureux allait sous les fenêtres de sa maîtresse, la tête en feu, au milieu de l'hiver, ne sentant pas la neige qui lui fouettait le visage, les pieds dans la boue, n'entendant pas les passants qui se moquaient de lui et l'appelaient : l'amoureux transi. Il ne quittait pas ses fenêtres ; il eût voulu plonger ses regards dans l'intérieur de la chambre à coucher ; la lumière, qui filtrait à travers les jalousies, décomposait son âme, sa chair, fibre à fibre, puis il jurait de la tuer.

Les sanglots l'étouffaient, il était impuissant à dévorer ses larmes.

La lumière s'éteignait. L'*autre*, le *passant* ou *l'ordinaire*[1], sortait honteux, rasant les maisons, pensant sans doute à sa femme qui l'attendait, se dissimulant comme un malfaiteur, la main sur son porte-monnaie vide et flasque.

La fenêtre s'ouvrait, une tête apparaissait, la femme souriante : elle avait le pain du lendemain ; elle lui faisait signe qu'il pouvait monter, il s'élançait, gravissait l'escalier comme une panthère qui va se jeter sur sa proie ; elle lui ouvrait la porte, le lit était encore chaud, la cuvette n'était pas encore vidée ; il levait la main, mais aussitôt elle retombait inerte, sa colère fondait comme neige au soleil sous le sourire dominateur de la femme.....

..... Le lendemain, lorsqu'il était seul, il lui écrivait qu'il voulait rompre, il écrivait dix lettres et n'en mettait jamais une à la poste.

Puis, la vie infernale recommençait, un peu plus calme toutefois, car il y avait du pain pour un ou deux jours à la maison, mais la réalité reprenait le dessus ; alors elle lui disait :

[1] *Ordinaire*, habitué.

— Tu n'es pas raisonnable, mon petit homme, j'ai 2,000 francs de loyer, que veux-tu que je devienne avec toi ?

— Mais tu parles comme une putain !

— Et toi, qui es-tu donc ?

— Je suis un fou.

— Crois-tu que je vais me laisser vendre pour si peu de chose ?

— Tu appelles ta vie « si peu de chose », tu te prostitues au premier venu, tu ne comptes plus tes amants de passage.

— Tiens, tu m'emmerdes, va-t'en, tu me gênes !

Lui ne s'en allait pas.

Alors arrivait une amie.

— Tiens, tu n'es pas seule ? ton *crampon*[1] est encore là ! tu l'aimes donc bien ? Mais c'est ta ruine, ma vieille, que cet homme-là, tu n'es qu'une dinde ; de ton amour il ne te restera que des reconnaissances... du Mont de Piété.

Lui prenait son chapeau et s'en allait pour échapper à l'envie d'écraser la vipère.

La conversation continuait entre les deux femmes :

[1] *Crampon*, tenace, importun.

— T'as donc pour lui un *béguin carabiné?* [1] A ton âge, on ne se monte pas le *bobèchon;* il est triste comme un bonnet de nuit; toi qui jadis ne boudais pas à la besogne, on ne te voit plus, tu vas te faire oublier; quand tu seras un *vieux brancard*, il te *saboulera*, il *t'enverra aux pelotes*.

— C'est vrai, mais que veux-tu, il me fait de la peine.

— Allons, habille-toi, nous irons dîner chez Reine et de là au bal des Canotiers.

Elle découchait et le lendemain il était là. Enfin il rompit le charme, il reprit le dessus. La femme est morte à l'hopital et lui aujourd'hui porte un nom presque célèbre.

Si ces dames n'aiment pas carrément cela ne les empêche pas d'avoir des *amants de cœur*, ainsi nommés sans doute parce que tous les deux en manquent!

L'*amant de cœur* n'est pas une création de notre siècle; *Monsieur*, qui est synonyme, fut employé à propos de Sophie Arnould et de son friseur dans *les rapports des inspecteurs de Sartines* (1762).

[1] *Béguin carabiné*, passion de première force; *bobèchon*, ne se passionne pas; *vieux brancard*, vieille femme; *saboulera*, chassera, *t'enverras aux pelotes*, expression nouvelle, envoyer promener.

Dans *Manon Lescaut*, le type de *Desgrieux* est immortel.

L'expression *Monsieur* a survécu.

Certaines femmes du demi-monde disent *mon dessous*.

Plus tard on appela l'*amant de cœur*, un *Arthur*. A ce sujet en 1845, en parlant de la cocotte, Th. Gauthier écrivit : — « Sa conduite lui semble la plus naturelle du monde, elle trouve tout simple d'avoir une collection d'*Arthur* et de tromper des protecteurs à crâne beurre frais et gilet blanc. »

La conversation suivante entre deux cocottes expliquera pourquoi elles trouvent la chose « simple. »

— Es-tu toujours contente de Louis ? (l'amant de cœur).

— Pas précisément, mais il est *bath au pieu*[1].

— Vraiment, *veinarde*.

— Mon Dieu oui, il n'est pas comme mon *négociant*, il n'a pas besoin de *pousse au vice*.

— J'espère que tu en as un aussi ?

[1] *Bath au pieu*, solide au lit, *veinarde*, de la chance, *michés*, hommes payants, *ministre de l'intérieur*, doigt, *l'estampeuse*, tricheuse en amour, *mèche*, moyen, *sophie*, menstrues.

— Parbleu, avec les *michés* il n'y a rien à faire, ça m'excite, voilà tout, et le soir si j'ai pas mon homme, il me faut *le ministre de l'intérieur* !

— Alors tu es une *estampeuse*?

— Je garde tout pour mon amant !

L'*amant de cœur* est un brave. Quand survient à sa maîtresse une incommodité périodique qu'elle traduit ainsi quand on lui fait une proposition : Pas *mèche*, j'ai *vu Sophie*, il fait comme dit la célèbre chanson :

> Il est aussi brave
> Que sensible amant
> Des Anglais il brave
> Le débarquement.

Tous les amants de cœur ne sont pas des maquereaux, mais tous les maquereaux se considèrent comme des amants de cœur ; il y a pourtant des exceptions.

Il existe des amants de cœur de toutes catégories, en haut, en bas, au milieu, partout

A tout seigneur, tout honneur.

Celui qui devait être plus tard Napoléon III, n'avait hérité de sa mère que d'une fortune modeste ; ses voyages coûteux à travers l'Europe, ses amis qui l'entouraient pas plus riches que lui eurent bientôt mis sa bourse à sec.

Tant que vécut sa tante la grande duchesse Sophie de Bade, celle-ci subvint assez largement à ses besoins, mais après l'évasion de Ham, il se trouva à Londres n'ayant pour toute fortune qu'une dizaine de mille francs environ que lui avait fait remettre sa sœur de lait, Mme Lorme. Heureusement pour lui, quelques mois plus tard, il fit connaissance de miss Howard qui pourvut largement à ses besoins.

Il lui devait, lors du coup d'Etat, près de huit millions ; j'espère que c'était un amant de cœur dans les grands prix.

Seulement, l'Empereur paya, et de plus il lui offrit la magnifique propriété de Saint-Cloud qu'il venait d'acheter à madame Piscatory ; en outre il la fit agrandir en lui annexant cinq ou six autres villas qui lui étaient contiguës.

Un proche parent de Napoléon III, le duc de M..., vécut longtemps avec la comtesse L... qui le logeait dans un pavillon dépendant de son hôtel des Champs-Elysées, pavillon connu de tout Paris sous ce nom : *la niche à fidèle.*

Après le Deux-Décembre, monsieur le duc de M... paya aussi en disant cette phrase restée célèbre :

— Ouf! je la quitte et je m'acquitte!

Pour ne pas sortir de la famille, ne dit-on pas qu'un prince a pour caissier Mlle V..... de la B.....

Lorsqu'il quitta son père, celui-ci dit en effet :

— Je ne sais pas dequoi il compte vivre, et j'ai lieu de supposer, ne le connaissant pas, que la source de ses revenus ne soit impure.

Mademoiselle V....., aura-t-elle la chance de miss Howard? Cela me paraît peu probable.

Il ne faut pas oublier le comte B..... Tout le monde connaît le rôle qu'il joua auprès de l'empereur ; c'était celui qu'avait tenu La Varennes près de Henri IV et Lebel auprès de Louis XV.

Le Parc-aux-Cerfs était à Saint-Cloud au lieu d'être à Versailles, c'était toute la différence ; d'ailleurs la ville était bonne.

Lorsqu'il mourut, on proposa de libeller ainsi l'épitaphe de son tombeau :

B..... s'avance vers la sombre rive ;
Déjà l'enfer s'écrie : Il arrive, il arrive!

Le maréchal M..... était commandité par mademoiselle L....., des Variétés.

Lorsqu'elle mourut, son mobilier fut vendu à l'Hôtel des Ventes. Tout y passa, même son livre de dépenses.

Pendant des années, on y voyait figurer tous les premiers du mois : A M..... sa pension six cents francs !

Il est probable que ses héritiers ont été remboursés.

La princesse M..... se paya, on peut le dire, le comte de N....., un des plus beaux hommes de l'empire.

Elle le fit nommer Surintendant des Beaux-Arts ; mais auparavant, elle avait, pendant de longues années, pourvu à tous ses besoins, et ils n'étaient pas minces !

Ce fut presque un ménage avec ses brouilles et ses raccommodements. Un jour, la princesse se crut trompée, elle envoya promener le beau Surintendant. C'était l'été, elle était en villégiature près de Paris. Dans le milieu de la nuit, elle entendit frapper violemment à la porte de sa chambre à coucher.

— Qui est là ? cria-t-elle.

— C'est moi, répondit le comte.

— Je n'ouvre pas.

— Si tu savais avec quoi je frappe !!!

Cora Pearl avait dans des conditions semblables le comte de Sainte-Aldegonde ; c'était pour rien : mille francs par mois. Il était régisseur des écuries et de son manège. Les domestiques l'appelaient l'intendant à trois ponts. Elle lui avait fait meubler un élégant petit entre-sol au-dessus des remises, et quand elle rentrait seule, qu'elle ruait dans les brancards (allusion au cheval entier), elle montait partager la couche de monsieur le régisseur.

Dans ce petit entre-sol, elle reçut quelques volées de coups de cravache ; à ce qu'il paraît qu'elle aimait ça.

Mademoiselle H...., de l'opéra entretenait le marquis de V..... un marquis de vieille roche ; elle ne se mouchait pas du pied : tailleur, bottier, chevaux, voitures et table mise au Café Anglais.

D'une jalousie féroce, elle allait tous les mois, elle-même, payer les notes.

Pour que son *ami* n'eût pas de tentation, tous les soirs, elle lui donnait un louis, et le matin il fallait qu'il rendît des comptes sévères.

Un chanteur, que je ne veux pas nommer, c'est assez qu'il n'ait plus de voix, eut à son arrivée à Paris une protectrice dévouée à ses intérêts.

Elle lui meubla un joli petit appartement rue de Provence, elle lui acheta un dog-car, c'était la voiture à la mode à cette époque, et lui assura une pension suffisante pour faire bonne figure.

Il devint bientôt la coqueluche de toutes les femmes, il rompit; et l'ingrat se mit à porter en ville.

Un jour mademoiselle D .... voulut l'avoir à souper..... et le reste.

Il lui répondit cyniquement :

— Ma chère camarade, j'ai tant d'invitations comme celle que vous voulez bien m'adresser que je suis forcé de me réserver à celles qui me donneront de sérieux témoignages de bon vouloir. Vous connaissez le proverbe : *Times is money*. C'est mille francs !

Les femmes sont si bêtes, qu'elle paya, elle en prit pour son argent, car il fut trois semaines sans pouvoir continuer son honorable commerce.

L....., le fameux gymnasiarque, faisait payer ses séances encore plus cher.

Le prix variait de mille à deux mille et jusqu'à cinq mille francs.

C'était du poisson un peu cher, et il fallait une sauce vraiment exceptionnelle pour le faire avaler ; néanmoins il avait des clientes.

Un jour une grande dame russe, la princesse

W....., eut la fantaisie de se le payer, le mot est juste, il ne résista que pour la forme et alla coucher avec elle pour cinq mille francs.

Soit qu'il eût été touché d'une pareille conquête, soit que la dame lui eût été tout particulièrement agréable, le lendemain, il lui renvoya les cinq billets de mille francs, avec le billet suivant qui contenait en outre *cinquante francs*.

Madame,

Vous êtes la seule femme à qui j'aie donné de l'argent. Tous les dimanches, je viendrai coucher avec vous et je vous donnerai pareille somme.

Veuillez agréez, etc.

L.....

Lorsqu'il se présenta chez madame de W...... sans doute que son caprice était passé ou qu'elle avait été moins satisfaite de lui, que lui d'elle, elle le fit mettre à la porte sans explications.

Ce n'était pas de veine pour la première fois de sa vie qu'il payait une femme.

Une bonne histoire d'amant de cœur. Elle fut racontée par Watripon ; l'héroïne était connue sous le nom de *dame du lac d'Enghien*, mais son vrai nom était madame de F....

Elle avait pris pour amant, on pourrait dire en sevrage, un jeune prince de sang royal, mais il était tenu rigoureusement par sa famille, et ne pouvait la voir qu'à la dérobée. Pour se consoler de l'absence du prince et combler le vide, elle prit pour amant de cœur un artiste, célèbre aujourd'hui. Elle loua, au bord du lac d'Enghien, une ravissante villa, dans laquelle le jeune prince venait le dimanche lui faire une courte visite ; l'artiste pendant ce temps canotait sur le lac.

Un jour d'été, il faisait une chaleur caniculaire. Le prince put s'échapper et accourut. Madame de F.... se promenait sur le lac avec son amant ; pour être plus à l'aise, il avait laissé ses effets à la villa, son costume se composait de son pantalon et d'un gilet de flanelle.

La femme de chambre aperçut le prince, et le signala à sa maîtresse qui s'empressa de sauter sur la berge, tandis que l'artiste s'éloignait à forces de rames.

Après plusieurs heures, le prince voulut rester à dîner ; l'artiste fatigué de canoter voulait rentrer, il avait faim, mais la domestique qui veillait lui fit comprendre par signes que le prince allait coucher à la villa.

Le pauvre amant de cœur dut se résigner à revenir à Paris en gilet de flanelle!

Longtemps, en souvenir de cette mésaventure, on ne l'appela dans le monde des peintres que le *monsieur du lac d'Enghien*.

VII

Ceux qui les épousent. — La baronne d'Ange. — Un emprunt à Géorges Montorgueil. — La voiture-réclame. — Les lauriers sont coupés, mais le persil verdit encore. — Un mari complaisant. — Le testament authentique de la baronne d'Ange. — Jouissez en paix. — Les deux caniches. — Une confession scabreuse. — Mariée sans l'être. — Couronne d'orangers et couronne d'épines. — Un coup de pied de Vénus. — Apport non prévu au contrat. — Notre revanche. — Manière de s'en servir. — La grosse Adèle. — J'ai mon miché. — Une grande dame d'aujourd'hui.

Beaucoup de cocottes parviennent à se faire épouser, soit par des vieillards avachis, abêtis, presque gâteux, qui espèrent rencontrer chez elles des satisfactions érotiques, fruits d'une longue expérience, dus à une pratique incessante, de jour et de nuit, soit par de jeunes imbéciles, sur qui elles mettent le grappin, comme l'araignée prend la mouche innocente dans sa toile, soit par des individus à conscience élastique qui acceptent tout et que rien ne rebute.

Parmi les plus célèbres, filles ou proxénètes, les deux indifféremment et à la fois, vient, en première ligne, Angèle Bardin dite baronne d'Ange [1].

Lorsqu'elle mourut, en 1888, un de mes confrères les plus autorisés, Georges Montorgueil, lui consacra dans le journal *Paris* les lignes suivantes :

« Tout Paris connaissait cette femme qui se conduisait si mal et qui conduisait si bien. Chaque jour, elle sortait dans son carrosse à deux chevaux, elle menait elle-même, avec une crânerie que le sourire insolent des passants n'abaissait point. Elle suivait la file des équipages, aussi peu gênée sur son siège que sur les canapés de l'hôtel du quartier Saint Georges. On se la montrait du doigt : « La baronne qui passe »; d'autres lui refusaient un grade et se bornaient à la dire Vidame.

« Elle paraissait ne reconnaître personne cependant ; proxénète haut cotée, c'était dans cette

[1] Dans une brochure rarissime parue en 1861, et qui porte pour titre : *Paris qui danse*, il est question d'une baronne d'Ange, comme d'une habituée fidèle du *Bal Robert*, bal alors en grande réputation au boulevard Rochechouart. A la même date, on parle aussi dans les *Mémoires de Rigolboche* d'une baronne d'Ange.

assemblée élégante qu'elle comptait le gros de sa clientèle, mais le métier exige une profonde discrétion. Son succès lui permettait sa morgue. Qui donc payait ses chevaux, les plus beaux de Paris ? Qui donc payait son luxe ? Qui donc l'enrichissait, sinon les mâles de cette foule dans laquelle elle se confondait, et qui lui remboursaient en or, chez elle, les dédains dont ils la saluaient, dans la rue, à l'heure de la réclame ?

« Car c'était sa réclame, cette promenade osée. Elle fut vingt ans sa propre affiche, obligeant les plus chastes à la lire au passage, les plus vertueux à retenir son nom. Pour s'imposer au Paris, surtout au Paris blasé, quelque commerce que l'on fasse, il faut, comme Alcibiade, couper la queue à son chien. C'est une façon de parler, car jamais la baronne n'eût consenti à une mutilation pareille ; elle eût trouvé un équivalent. Sa voiture à tapage, son nom de guerre, sa spécialité dans le négoce de la volupté au tarif, la mirent tout de suite hors cadre ; le cynisme dans l'affichage, cette apothéose de trois à cinq du vice se profilant sous l'Arc de Triomphe, était d'une commerçante entendue. Et même ses émules, même les Phrynés qui chantent, en allant au bois : « Les lauriers sont coupés, mais le persil verdit encore », même les jeunes, même les belles admiraient cette confectionneuse habile, qui était parvenue à donner à sa marque de fabrique un renom universel.

« Elle n'était pas parisienne ; « Lyon est ma première ville natale », écrivait-elle, un jour, à quelqu'un qui voulait tenir de sa plume, quelques lignes de biographie. Elle s'imposa grâce à ce genre. Son salon, que la police surveillait, était un rendez-vous de filles mineures, ses élèves, demoiselles bien élevées, candides, rougissantes, disant, avec un momentané défaut de prononciation : « Ah ! monsieur, si maman savait que je vous fais la cour ! » Elle gagna dans la traite des blanches sa fortune colossale ; sur ses vieux jours, elle s'était offert le luxe d'un jeune mari. Il se montrait avec elle, en voiture, à la grande stupéfaction du trottoir qui n'est pourtant pas bégueule. »

La baronne d'Ange avait une infinité de cordes à son arc. C'était une âme sensible, elle aimait les hommes, les femmes, les animaux ; cette bienfaitrice de l'humanité était vraiment étonnante.

Elle avait pour *amie inséparable* une femme assez agréable ; c'était de « l'amour pur », comme dans un grand nombre de ménages. A certains jours, parfois, dans certaines nuits, elles se disputaient et se battaient, puis se raccommodaient et se rapprochaient plus étroitement que jamais.

L'*amie* avait pour compagnon un caniche noir magnifique, la baronne d'Ange en avait un également, mais de couleur lilas, ces deux chiens étaient admirablement dressés; ils eussent fait la fortune d'un cirque, ils excellaient dans l'art de laver la vaiselle.

Quand la baronne avait un grief contre son *amie* et réciproquement, et tout était prétexte à grief; si l'une d'elles restait trop longtemps en conversation avec un monsieur, ou avec une visiteuse, aussitôt la dispute commençait; les deux chiens se montraient les dents et aboyaient avec fureur; quand, des gros mots, elles en venaient aux coups, les deux chiens caniches se précipitaient l'un sur l'autre avec fureur et se mordaient avec rage, chacun défendait sa chacune.

Il ne faut pas voir malice dans cette anecdote authentique; tout le monde connaît l'amour fidèle des chiens pour leur maître, et surtout pour leur maîtresse!

La baronne d'Ange avait une clientèle d'amis; les uns et les autres se donnaient l'adresse de la rue Saint-Georges et se recommandaient mutuellement. Un jour, un pharmacien de province débarqua chez la baronne. Le notaire du pays lui avait dit avant de partir : Tu t'annonceras comme venant de ma part, et tu ne donneras que cinq francs. Justement, ce jour-là, la pauvre baronne avait eu un accident de voiture ; ses chevaux s'étaient emballés dans les Champs-Elysées et dans sa chute elle avait perdu une boucle d'oreille en diamant estimée 12,000 fr. Comme elle était très avare, elle était très désolée et furieuse de cette perte. Le brave pharmacien fit demander la baronne et suivit les recommandations du notaire ; mais quand il parla de cinq francs, elle bondit, l'appela mufle, et lui demanda s'il la prenait pour une vulgaire putain. Le provincial, abasourdi, ne savait que répondre : cent sous ! cent sous ! mais c'est une somme, cela représente un liniment, deux vomitifs, un juleps gommeux et un lock. — Non ! disait la baronne, dix francs ou rien, on n'offre pas cent sous à une femme qui vient de perdre douze mille francs ; à ce prix-là, il en faudrait, du temps, pour rattraper cette somme !

Le pharmacien allait partir, quand la baronne qui avait réfléchi se ravisa : — Tiens, si tu veux, lui dit-elle, j'ai une jolie soubrette, mon élève, elle n'est pas comme moi, sa réputation ne lui impose pas de maintenir ses prix, si tu veux, je vais la faire appeler, tu lui donneras cent sous !

— Volontiers, dit le bonhomme. La soubrette lui plût....

— Bah ! dit la baronne, moitié pour elle, moitié pour moi, c'est encore cinquante sous de gagné !

Revenons au mari.

Ce mari complaisant appartenait à une vieille famille, qui, froissée de sa mésalliance, fit casser le mariage, sous prétexte qu'il n'était pas régulier.

Cependant, il faut croire que la baronne avait trouvé des qualités supérieures dans son mari, car, avant de mourir, elle fit un testament.

Ce testament fut attaqué devant les tribunaux par la famille de la baronne d'Ange. La raison invoquée était celle-ci : n'ayant plus de mari, il est nul !

La famille perdit son procès, et le mari jouit en paix, avec la conscience du juste, de la fortune de la baronne, fortune si laborieusement acquise, le fruit de ses veilles !

Voici le testament. Je le garantis authentique, il mérite d'être conservé.

Testament de la Baronne d'Ange

« Par devant Me D....., notaire à Paris, en présence des témoins instrumentaires ci-après, aussi soussignés.

« (Suivent les noms et demeures des quatre témoins instrumentaires).

« Tous lesdits quatre témoins, requis par la testatrice ci-après nommée, pour assister le notaire, soussigné, majeurs, citoyens français, jouissant de leurs droits civils et civiques, non parents, ni alliés entre eux, ni de la testatrice ci-après nommée, et réunissant les qualités voulues par la loi, à l'effet du présent testament, ainsi qu'ils l'ont individuellement déclaré sur l'interpellation du notaire soussigné,

« A comparu :

« Madame *Marie-Angèle Bardin*, rentière demeurant à Paris, rue Saint-Georges, n° 16, et en ce moment en traitement de maladie en la maison de santé des dames Augustines, rue de la Santé, n° 29.

« Laquelle, malade de corps et alitée, mais saine d'esprit, mémoire et bon jugement, ainsi qu'il est apparu au notaire et aux témoins soussignés, par ses discours et conversations, et la manifestation claire et précise de ses intentions, a, dans la vue de la mort, dicté audit Me D....., notaire, en présence des témoins, son testament ainsi qu'il suit :

« Je déclare m'être mariée en Angleterre avec M. J. B....., homme de lettres, demeurant à Paris, rue Saint-Georges, n° 16, et être en instance pour régulariser mon mariage en France.

« J'institue mes légataires universels, mon père Jean B....., demeurant à Roanne (Loire), route de Charlieu, quartier de Saint-Roch ; ma mère Marie-Antoinette S....., demeurant à Roanne, route de Paris, et ma sœur Benoite B......, épouse de M. B....., demeurant à Roanne, route de Charlieu. Je leur laisse ma fortune, à eux trois seuls, et par parts égales, et je leur demande d'exécuter toutes mes volontés.

« Je lègue à M. B..... l'usufruit, pendant sa vie, de ma maison, rue Saint-Georges, n° 16, à Paris ; je veux qu'il ne puisse pas aliéner cet usufruit, ni qu'aucun créancier puisse saisir ses revenus, déclarant vouloir que cet usufruit soit insaisissable.

« Je lui lègue aussi dans les mêmes conditions et seulement en usufruit le mobilier, les meubles, les chevaux, les voitures, l'argenterie, les tableaux, les objets d'arts bronze, et tout ce qui se trouve dans ma maison, à l'exception des valeurs, de l'argent, des billets et de l'or. Il gardera les chiens jusqu'à leur mort.

« Quant aux diamants, je veux qu'ils soient vendus, après ma mort, par mon exécuteur testamentaire seul, pour le prix être employé à l'édification de mon tombeau, dans lequel on enterrera moi et mon mari, dans le cimetière des Batignolles.

« Je veux que mon neveu, Henri L....., n'hérite pas de moi, je lui laisse seulement une de mes bagues comme souvenir. C'est mon exécuteur testamentaire qui la lui choisira.

« Je lègue ma montre à Mlle Charlotte M...., une autre à Mme veuve Bardin, ma belle-sœur, je lègue aussi à Mme veuve Bardin un logement gratuit, d'une valeur de quatre cents francs, dans ma maison, rue Saint-Georges, pendant toute sa vie.

« Je désire que ce qui reviendra à mes parents soit déposé à la banque de France, par mon exécuteur testamentaire qui remettra les revenus.

« J'ai une créance d'environ trois mille francs chez Mᵉ Clozé, huissier rue Laffitte, c'est une commandite chez Salzat. Je laisse sur cette créance mille francs à ma filleule, Charlotte M....., mille francs à Mme veuve Bardin, ma belle-sœur, mille francs à ma femme de chambre B....., le surplus à Louise H......

« Pour mes voitures, deux au choix de M. B..... seront vendues au bénéfice de mon cocher, mais elles ne seront vendues que quand M. B..... le jugera à propos, je laisse encore à Louise H..... une bague à son choix. Chacune des femmes à mon service aura de moi une robe à leur choix, elles s'entendront à ce sujet.

« Le reste de ma garde-robe sera vendu en même temps que les diamants, et le prix recevra la même destination qu'eux, on en enverra un ballot à ma mère.

« Je lègue une montre ou une chaîne en or à son choix à Mme B....., ma concierge.

« Je nomme M. Charnaut mon avoué, successeur de M. Thiebault, 31, faubourg Montmartre, mon exécuteur testamentaire. Je lui donne la saisine et le pouvoir exprès de vendre et retirer des valeurs. Cette vente sera faite chez mon agent de change, le prix servira aux frais de mon enterrement.

« Il affectera cent francs pour des messes qui seront dites chez les sœurs Augustines.

« Je veux être embaumée et qu'on me transporte chez moi.

« Je laisse à M. Charnaut mon exécuteur testamentaire, à son choix, une bague ou la statue Ariane ou le Bacchus en marbre blanc.

« J'annule tous les autres testaments antérieurs.

« Ce testament a été ainsi fait, nommé et dicté audit Mᵉ D....., notaire, qui l'a écrit en entier de sa main tel qu'il lui a été dicté par la testatrice, l'a ensuite lu et relu à la testatrice qui a déclaré le bien comprendre et y persévérer comme renfermant ses dernières volontés, le tout en présence des quatre témoins qui ont déclaré n'être ni parents, ni alliés des légataires sus-nommés.

« Fait à Paris, 29 rue de la Santé, dans une chambre au premier étage du couvent des dames Augustines, éclairée par deux fenêtres sur la cour.

« L'an mil huit cent quatre-vingt-sept,

« Le vingt-neuf décembre,

« Sur les sept heures du soir.

« La testatrice a signé avec les quatre témoins

et le notaire, après nouvelle lecture faite par Mᵉ D....., en présence des quatre témoins.

Signé : BARDIN, M...., A...., R....,
B..... et D....., ce dernier
notaire. »

Ensuite est écrit :

« Enregistré à Paris, douzième bureau, le deux février mil huit cent quatre-vingt-huit, folio 53, c. 10, reçu neuf francs trente-huit centimes décime compris.

Signé : J.....
Signé : D..... »

Nota : en marge est écrite la mention suivante :

« Suivant acte reçu par Mᵉ D....., notaire, le deux février mil huit cent quatre-vingt-huit, Mᵉ Charnaut a déclaré renoncer à sa qualité d'exécuteur testamentaire de madame Bardin. »

Ce testament curieux, à plus d'un titre, est absolument authentique.

Le mari de la baronne d'Ange est légion.

Un procès récent qui se dénoua devant un

tribunal d'une ville voisine de Paris est fertile en révélations.

Une de ces étoiles, qui passent leur temps à se coucher, eut un jour la fantaisie de prendre sa retraite ; couronnée de fleurs d'orangers, le rouge de la pudeur au front elle se maria, à l'église s'il vous plaît. Si elle n'acheta pas de billet de confession, et qu'elle fut sincère au « Tribunal de la pénitence », son confesseur dut passer une heure fort agréable.

Me Cléry, un de nos plus spirituels avocat, prit la parole pour la demanderesse.......

« Le 28 décembre 18.. Mlle G... dite E... contractait mariage avec M. E... V. dit A... l'un des plus brillants jeunes premiers de Paris.

« Par acte du même jour, les époux avaient fait rédiger un contrat où la future figurait comme apportant une fortune des plus importantes ; quant à M. A... il était alors en disponibilité, et, comme dot, il n'avait rien du tout, sauf quelques dettes criardes — voir des dettes de jeu.

« Certes, je l'avoue, la fortune de Mlle E... n'avait *rien de patrimonial*, mais je dois ajouter que M. A... *n'ignorait point son origine*, et que, dans son mariage, il n'avait recherché qu'une vie luxueuse et facile.

« M. A... n'avait pas d'ailleurs fait mystère de ses sentiments dans le monde des coulisses où il vivait. Il disait qu'il était las de son existence, et qu'il était prêt à épouser une femme borgne et bancale pourvu qu'elle fût un bon parti.

« Quand il s'était rencontré avec ma cliente, qui offrait la dernière condition, il avait employé ses moyens habituels, les tirades convaincantes de son répertoire et Mlle E...,dont la vie s'écoulait alors monotone au sein de la nature, souffrant par dessus le marché d'une maladie de cœur, prêta une oreille complaisante à la littérature de M. A...

« Elle croyait enfin tenir le repos et le bonheur; hélas! elle s'était trompée.

« En effet, peu de temps après le mariage, elle s'aperçut que son mari lui avait apporté une charge que n'avait point mentionnée leur contrat : une maladie inavouable !

« C'est à Nice, où Mlle E... possède une propriété, que dans une promenade en voiture, à la promenade des Anglais, M. A... avoua à sa femme ce mal que je ne qualifierai point davantage.

« Je fournis toutefois la preuve de ce que j'avance, car voici les ordonnances de médecins très éloquentes et des lettres où il est question du docteur F....., chez lequel le médecin de M. A..., M. Jules B....., devait, y est-il dit, conduire son client. »

Le mari ne s'étant pas fait représenter, le substitut donna immédiatement ses conclusions :

« Vraiment, dit-il, on ne pourra nous faire croire qu'on a tant abusé que cela de la « confiance naïve » de Mlle E... dont grâce à sa personnalité bruyante nul *n'ignore les particularités*.

« Et je trouve la demanderesse quelque peu téméraire de réclamer aujourd'hui la séparation *de plano*. Comment ! elle fait d'abord à son mari un crime de sa lettre au *Gil Blas ?* Mais c'est elle qui avait la première, dans lettre à l'*Evénement*, livré les secrets de sa vie privée et de son mariage.

« En protestant, j'estime donc que M.A... n'a fait qu'user de représailles fort légitimes.

« Ensuite, elle articule ce fait relatif au mal que vous savez. Mais quoi, Mlle E... connaissait bien le monde des coulisses et ses mœurs avant d'épouser M. A...; et, véritablement, on ne peut admettre qu'elle n'ait point eu lieu d'avoir quelques soupçons au moins et qu'elle ait éprouvé de la chose une surprise stupéfiante !

« Au contraire, elle semble n'avoir point désiré un mari robuste et plein de santé ; en effet, reportons-nous à la lettre parue dans l'*Evénement*, elle s'y exprime en ces termes :

— J'éprouvais une peine effroyable, je n'avais eu que des désillusions, j'ai pris le parti de me marier, mais je ne voulais pas être amoureuse de mon mari, et j'ai résolu de prendre mon *antitype;* moi qui aime les gars, j'ai pris un homme mièvre.

« Mme E... est donc mal venue, de faire ici œuvre de moraliste, vis à vis de ce fait antérieur au mariage. »

M. A... n'était au reste pas difficile, car lorsqu'il disparut avant le procès, quelque temps après le mariage, il disait cyniquement :

— Je vais reprendre ma vie de garçon, que ma femme reprenne sa vie de fille!

M. A... avait manqué de prévoyance. Il ne connaissait pas sans doute le prospectus de l'intelligent industriel, prospectus que j'ai publié dans *Paris-Impur*, page 218, ni de la chanson que voici qui l'accompagne :

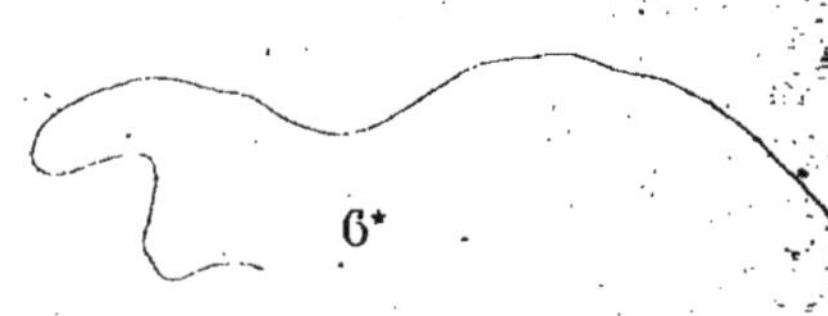

NOTRE REVANCHE

Paroles de M. Balochard. Musique de M. Bienganté.

Air : *En r'venant de la r'vue.*

Depuis longtemps sur cette terre,
Dans l'ancien mond' comme dans l'nouveau,
Nous avons pris à l'Angleterre
Ce qu'elle a vraiment de plus beau ;
J'veux parler de l'objet dont l'usage
Est pratique même en voyage ;
On peut s'en servir en wagon,
En voiture et même en ballon.

On s'en sert en tout temps,
L'hiver comm' le printemps ;
Et si l'on tient à sa santé
Faut toujours être bien ganté ;
Malgré son titre Anglais
Il n'est pas moins Français,
Car ce petit boyau
C'est notre revanch' de Waterloo.

Et confiants,
Sans crainte d'accidents,
Vous avez là-dedans
Toutes vos aises ;
Messieurs, tatez,
Voyez les qualités,
Et le bon marché d'mes
Capot's Anglaises.

Vous qui portez du mariage
La chaîne et le boulet fatal,
Maris, qui n'avez en partage,
Que le pot-au-feu conjugal,
A la recherch' d'une conquête
N'vous aventurez pas nu-tête ;
Car ainsi qu'à François premier,
On s'rait forcé d'vous couper..... le pied.

Grâce à ce préservatif,
Ménageant votre pif,
A l'abri des rhum's de cerveau,
Sans danger du moindre bobo,
Vous pouvez, sans façons
Vous conduire en garçons
Et cueillir chaque soir
Une marguerit' des trottoirs !

Et confiants, etc., etc.

Vous qu'avez une nombreus' famille,
Et qui n'voulez pas augmenter
L'nombr' de vos garçons et d'vos filles,
Sans pourtant faire vœu de chasteté,
Messieurs, donnez moi votr' pratique,
Vous trouv'rez tous dans ma boutique
Un de ces précieux instruments
Grâce auxquels on peut mettr' dedans,

Sans danger d'voir grossir,
Croître et vous envahir,
Comme les asperg's en été,
Le flot de votr' prospérité,
Vous pourrez chaque jour,
Vous livrer à l'amour
Et frustrer le recensement
A la barb' du gouvernement !

Et confiants, etc., etc.

Et afin qu'il n'y ait pas d'erreur, l'avis suivant est envoyé *à domicile* avec la chanson :

MANIÈRE DE S'EN SERVIR

Dérouler le préservatif sur le mandrin naturel avant de commencer le feu !!!

Il est absolument facile de s'en servir sans que la personne puisse s'en apercevoir.

Il existe pourtant des cocottes, même des filles du trottoir, qui épousent des hommes occupant de hautes situations. Le mariage, dit-on, est une éponge qui efface les fautes du passé et refait une virginité à la femme. Je doute que ce dicton soit vrai, et je me demande la tête que doit faire le mari lorsqu'il songe que sa femme a eu pour ancêtre le général pavé.

Et dire qu'à chaque instant dans le monde on est exposé à des rencontres de ce genre !

Témoin la grosse Adèle.

C'était une habituée fidèle du *Café de Suède*, il y a à peine quelques années ; elle était si énorme qu'on l'avait surnommée : *la mastodonte*. C'était une fille d'humeur joyeuse, une véritable « toujours prête »; elle couchait avec tous, pour un dîner, et ne demandait jamais d'argent ; à ce métier-là, elle ne s'enrichit pas.

Un jour, un cabotin l'emmena à Nice. Quand il en eut assez, il la planta là carrément. Adèle n'était pas d'un placement facile, elle alla à Monaco, mais comme elle était trop connue, on lui refusa l'entrée du casino.

A force d'avoir fréquenté des journalistes et des cabotins, elle avait la manie d'écrire; c'était une *pallasseuse*. Réduite à la dernière extrémité, elle songea à ses anciens amants, du moins à ceux dont elle connaissait le nom ; elle leur écrivit pour leur exposer sa détresse et les prier de lui envoyer un peu d'argent pour revenir au boulevard Montmartre. Elle envoya bien cent cinquante lettres qui lui rapportèrent un..... louis : ils étaient peu généreux !

Un soir qu'elle errait mélancoliquement sur la promenade des Anglais, elle fit la rencontre d'un monsieur qui avait la passion des phénomènes. Il adorait les grosses femmes, à ce point, pour ne pas être trompé, qu'il avait inventé le moyen suivant pour s'assurer de la réalité des formes de la femme dont il avait envie :

Il lui offrait un fauteuil dans un théâtre

quelconque, si elle ne parvenait pas à s'asseoir, l'affaire était faite.

Adèle était dans ce cas. Elle coucha avec le monsieur qui fut émerveillé à la vue et au toucher du volume énorme d'un postérieur sans pareil.

Elle ne le lâcha pas, comme bien on pense. Elle vécut quelque temps avec lui, et enfin un beau jour il lui proposa de l'épouser ; elle fut tellement abasourdie de cette conclusion qu'elle ne sut que répondre ; elle accepta néanmoins. Mais restaient les maudites lettres et les camarades du café de Suède. Cela ne l'effraya pas, elle écrivit à une de ses amies :

Ma chère Titine,

Je t'ai écrit ma *débine épatante*[1], j'ai cru que j'allais crever, je me serais bien engagée comme femme colosse, mais les saltimbanques qu'il y a à Nice n'ont pas de baraque, je ne pouvais songer à me jeter dans le Paillon, il n'y a pas d'eau.

Que faire ?

Entrer au *claque* ? il n'y en a pas.

[1] *Débine épatante*, misère indescriptible, *claque*, maison de filles.

Faire le *persil*, il y a autant de putains que de pavés !

En flanant sur la promenade des Anglais, j'ai rencontré le gros machin, tu connais le type et sa passion, il m'a emmené, et je t'assure qu'il a payé plus de deux sous pour tâter; ouvre bien les yeux pour lire ce qui suit. *Il m'épouse*, mon Dieu oui, *il m'épouse*, tu comprends mon étonnement, je me pince pour croire que ce n'est pas un rêve, je vais être une dame et une grande dame encore, au lieu de mendier un bock à des mufles, je vais avoir chevaux et voitures, hôtel, villa, château, valets, tout le diable et son train, une pauvre putain comme moi qui errait de lit en lit, je vais en avoir un pour moi toute seule !!

Mais, il y a un mais, quand les camarades vont apprendre ma chance, elles sont foutues de me faire chanter, je leur ai écrit tant de lettres que mon *miché* de mari pourrait bien en avoir vent, il faut qu'à tout prix tu les retires de la circulation, dis-leur de *mettre du papier dans leur sonnette*[1], je suis bonne fille, quand je vais avoir de la *galette*, je viendrai à leur aide.

Je t'embrasse.

ADÈLE.

[1] *Mettre du papier dans sa sonnette*, ne pas ouvrir la bouche, *galette*, argent.

Elle se maria en effet, et tout récemment, elle assistait à une grande fête chez un de nos personnages les plus en vue ; il n'eut garde de reconnaître Adèle, car lui-même est un produit du café de Madrid.

VIII

Une loi élastique. — Les établissements de nuit. — Le clair de lune. — Une perte pour les noctambules. — Un spectacle étrange. — Des amateurs roublards. — Le père la Tartine. — A prix réduit. — Une amie espérée. — Une bataille de dames. — La vicomtesse. — Un professeur de ravalement. — Un carnet édifiant. — La femme au naturel. — Le professeur de piano écrivain public.

Il existe une loi, ou plutôt une ordonnance de police qui veut, à moins d'une tolérance de la préfecture de police, sur l'avis du commissaire du quartier, que les cafés, marchands de vins, restaurants, ferment leur porte au public à deux heures du matin ; autrefois, c'était à minuit.

Cette tolérance est assez large pour permettre aux gens qui sortent des spectacles, de souper à l'aise avant de rentrer chez eux.

A ce qu'il paraît que cette tolérance est trop restreinte, puisque certains patrons font des pieds et des mains pour que leurs établissements restent ouverts plus tard que l'heure réglemen taire ; les bénéfices résultant de cette tolérance doivent être considérables, puisque, si on la leur refuse, ils laissent leurs établissements ouverts, au risque de se faire mettre chaque nuit en contravention.

C'est qu'en effet, les *établissements de nuits* ne sont pas, comme on pourrait le croire, affectés spécialement *aux besoins des consommateurs*, ils sont le refuge des noctambules, des pochards, des putains, des rastaquouères et des voleurs.

Les uns y viennent s'achever, les autres *travailler*.

Parmi les établissements de nuit, on vient d'en démolir un qui restera célèbre dans le monde galant. Il était situé boulevard Rochechouart, juste à côté de l'ancien bal de la *Boule Noire*, remplacé par la *Cigale*.

Tout Paris l'a connu sous le nom du *Clair de lune*.

Comme aspect, rien ne distinguait cet établissement des autres du boulevard, si ce n'était que, dans le jour, il n'y avait jamais un consommateur. Il y régnait un silence de mort, on eût dit une maison abandonnée.

Sur les glaces de la devanture, des groupes de pierrots, peints par un artiste du quartier, au blanc de céruse, aux trois quarts effacés par la pluie, remplaçaient les rideaux ; c'était plus économique.

Une grille en fer rouillé à hauteur d'appui était en bordure du boulevard ; à l'alignement, derrière elle, une rangée d'arbustes, des lilas, des fusains, maigres, chétifs, languissants, s'étiolaient dans des caisses en bois de sapins ; les racines de ces misérables avortons, pour prendre un peu d'air, avaient crevé les caisses déjà pourries par l'action du temps ; la terre s'étalait sur le sol ; en retrait de la grille, deux mètres environ, se trouvait une grande salle, à gauche de la porte d'entrée ; dans la salle même, deux rideaux algériens, pisseux, effilochés, graisseux, puant la fumée de tabac, le lubin, le musc dont ils s'étaient à la longue imprégnés, étaient constamment baissés, ils donnaient accès à la salle de nuit.

Vers deux heures et demie du matin, on voyait arriver par petits groupes, à pied ou en voiture, des gens qui se présentaient à la porte d'entrée de la grille. Un garçon barrait le passage, les groupes parlementaient ; après avoir montré patte blanche, la grille s'ouvrait silencieusement — les charnières en étaient soigneusement graissées — ils traversaient la cour et pénétraient dans la grande salle, plongée dans la plus complète obscurité. Comme la plupart étaient des habitués, des initiés, ils soulevaient la portière et se trouvaient aussitôt dans la salle de nuit.

Cette salle était longue d'environ trente mètres; de chaque côté du mur et dans le milieu, des tables de marbre, des banquettes en moleskine couraient le long des murs, les sièges du milieu étaient des chaises comme celles qu'on rencontre dans les guinguettes de bas étage. A gauche de la porte d'entrée, il y avait un piano.

En entrant, on était ébloui par la transition de l'obscurité à la lumière et aussi par le spectacle étrange qu'on avait sous les yeux; en même temps on était suffoqué par l'odeur de la fumée, des parfums qui se confondaient, et surtout par l'odeur de moisi, qui y régnait en maîtresse.

Quand les yeux s'étaient habitués, on entendait un brouhaha confus, que les sons du piano ne parvenaient pas à percer, et l'on distinguait un méli-mélo d'hommes, de femmes, assis pêle mêle, pressés comme des harengs, qui buvaient des consommations fantastiques, de l'atroce *bibine* décorée du nom de bière, du vin rouge épais, dans lequel jamais un grain de raisin, même sec, n'était entré, du *Tord-Boyaux* à trente sous le litre, qui se tranformait en Fine champagne, Fin-bois, Hennessy ou Martel. Les ronds de citrons, qui servaient à la préparation des grogs, avaient été servis et sucés au moins dix fois.

Ces horribles mélanges étaient servis dans des verres égueulés, épatés, sales, gluants ; les hommes chantaient, les femmes fumaient, errant de salles en salles, en quête d'un consommateur compatissant, mâle ou femelle, peu importait, il y en avait pour tous les goûts, et chaque vice particulier trouvait sa clientèle prête à le satisfaire, moyennant un prix débattu à l'avance.

Les femmes du *Clair de lune* ne pratiquaient pas la maxime de la célèbre Déjazet.

On demandait un jour à la grande artiste pourquoi elle couchait à l'œil avec tous ceux qui le lui demandaient, elle répondit :

— Pourquoi leur ferais-je payer ce qui ne me coûte rien ?

Les proxénètes connaissaient à fond la clientèle du *Clair de lune*, homme pour homme, homme pour femme, et femme pour femme, *vulgo : gougnotte* ; elles y venaient en *remonte* pour la *commande* du lendemain.

Les amateurs roublards n'arrivaient que vers quatre heures du matin. A cette heure, le *Clair de lune* aurait pu changer son enseigne par celle-ci : *Au bon marché*, liquidation au rabais et à tous prix, par ce motif : quand les cocottes chics n'avaient pu *charger* aux restaurants de nuits du boulevard, parce qu'elles demandaient cinq ou dix louis, elles rabattaient au *Clair de lune*, alors elles tombaient à vingt francs ; c'était la vie du lendemain et peut-être même à souper, suivant la générosité du client, chez le *père La Tartine* ou chez la *Boulangère*.

Le père La Tartine est un charcutier malin, établi à l'angle de la rue des Martyrs, qui reste ouvert toute la nuit. Il vend ce que vendent ordinairement ses confrères, mais principalement des *tartines*, qui consistent en une tranche de pain, sur laquelle est étalée une légère couche de pâté de foie, pas gras, ou du fromage d'Italie, qu'on persiste à nommer ainsi, malgré l'antique chanson :

A Paris pas de bon repas
Sans charcuterie ;
A Rome on ne connaît pas
L'fromage d'Italie.

La *Boulangère* est une boulangère établie rue

de la Chapelle, qui reste ouverte, pas elle, mais sa boutique, toute la nuit ; elle vend des brioches chaudes, du consommé, dans lequel le Liebig joue le principal rôle. On peut, comme chez le *père La Tartine*, s'y offrir un souper dans les prix doux.

Il existait autrefois une maison semblable dans le faubourg Montmartre, et une seconde, rue Jeoffroy-Marie ; l'une a disparu, l'autre a dû cesser son petit commerce, parce que, dit la légende, il y avait une arrière-boutique par trop fréquentée, dans laquelle il se passait des petites séances analogues à celles qui firent la fameuse réputation de la baronne d'Ange.

Parfois, au *Clair de lune*, il y avait des batailles homériques ; les plus féroces étaient celles qui avaient lieu entre femmes pour femmes.

Une nuit, j'ai assisté à une de ces luttes, c'était abracadabrant.

Assis à côté de moi, un petit jeune homme, paraissant avoir dix-sept ans, les cheveux blonds, coupés ras, vêtu d'un costume complet, gris, jaquette, gilet ouvert, pantalon collant, fumait tranquillement cigarettes sur cigarettes ; il avait sans cesse les yeux fixés sur la porte d'entrée et paraissait attendre anxieusement. Tout à coup apparut, dans l'encadrement de la portière, une jolie fille, brune, vêtue luxueusement ; sa toilette sentait la main expérimentée d'un bon faiseur à la mode ; elle était couverte de diamants. A sa vue, mon voisin se leva d'un bond, et courut à elle, lui sautant au cou et l'embrassa sur les lèvres avec effusion. Je m'aperçus alors que mon jeune voisin était une jolie fille et que les vêtements masculins lui allaient à ravir. Je compris de suite, surtout après qu'elles eurent fini de s'embrasser, quand j'entendis cette phrase entrecoupée d'un soupir :

— Ah ! viens, je t'espère depuis si longtemps !

La jeune femme entra, son *amie* alla prendre sur le piano son miniscule chapeau melon qu'elle y avait déposé, et toutes deux se disposèrent à partir, après avoir jeté cinq francs sur la table pour payer la consommation.

A ce moment, entra comme un ouragan, renversant tout sur son passage, une jeune femme aussi élégamment mise que la première et encore plus chargée de diamants. Elle se précipita droit sur l'*amie*, habillée en homme et lui appliqua une paire de soufflets si violents qu'elle n'en vit que trente-six chandelles ; puis aussitôt elle se tourna vers l'autre femme absolument stupéfaite et lui cracha au visage.

Sans dire un mot, elle écarta violemment son *amie* qui, revenue de son étourdissement, se jetait devant elle pour la protéger, puis elle frappa son agresseur au visage.

Alors se passa une scène indescriptible ; les *deux inséparables* tombèrent sur la nouvelle arrivante et lui administrèrent une volée épouvantable. Quand enfin on put les séparer, elles étaient en lambeaux.

Les deux *gougnottes* s'empressèrent de filer. La vaincue, cocue et pas contente, eut une attaque de nerfs terrible. Quand sa rage fut un peu calmée, elle se mit à pleurer ; d'autres femmes qui avaient sans doute passé par les mêmes épreuves, voulaient la consoler. — Laissez-la donc pleurer, dit la vieille Blanche, elle pissera moins !

En vertu du proverbe qui dit : que petite pluie abat grand vent. Elle fut vite calmée.

Elle rajusta tant bien que mal sa toilette et nous raconta brièvement son histoire, banale, comme celles de toutes ses pareilles.

Elle aimait l'enfant qu'elle avait débauchée, l'autre la lui avait *levée*, de là la jalousie, cause de la bataille.

Elle nous parlait de *son amour* avec une telle véhémence, que l'eau en venait à la bouche.

Une des assidues du *Clair de lune* était la *Vicomtesse*. Ce sobriquet lui venait de ce qu'elle avait été un instant entretenue par un rastaquouère, qui se donnait du vicomte gros comme le bras. Sa réputation de *gougnotte* était soigneusement établie, elle s'intitulait elle-même : professeur de ravalement. Elle passait sa vie entre les femmes et les cartes. C'était, et c'est encore une femme d'esprit, qui avait dans le monde des relations très étendues. Elle n'y figurait pas dans les salons, elle préférait les alcôves où la toilette n'était point de rigueur. C'est elle qui inventa cette charmante définition pour jauger une femme : elle ne vaut pas la peine qu'on se mette en chemise pour elle !

Comme toutes ses pareilles, d'ailleurs, elle avait la haine des femmes qui ne partageaient pas ses goûts et qui n'étaient pas enrégimentées dans la *Garde nationale,* dont elle était sans conteste la *générale*.

La vicomtesse n'est pas une proxénète proprement dite ; en dehors de ses goûts personnels, c'est une *intermédiaire*, elle connaît son *Paris-galant* sur le bout du doigt, les lieux de rendez-vous ; elle est à l'affût des femmes gênées momentanément, elle a un tarif très étudié, précis comme Barême, ses émoluments, sa commission est en regard du nom de chaque femme ; comme complément de ce tarif, elle a un agenda sur lequel sont inscrits les noms des *michés* de passage ; les noms des *ordinaires* y figurent, depuis le collégien jusqu'au vieillard, à qui il faut toutes les herbes de la Saint-Jean pour accomplir une légère station devant l'autel de Vénus. Ce livre est des plus curieux, surtout à cause de ses annotations du genre de celles-ci :

B... financier, cent mille livres de rente, une fois par mois, une nouvelle petite fille de 12 à 14 ans au plus, tout ce qu'il y a de plus maigre.

Ne jamais lui écrire à son domicile particulier.

R... toutes les semaines, la plus forte femme possible, cent francs, une demi-heure, la beauté n'y fait rien, pourvu qu'elle ait l'estomac volumineux.

Madame de T... après minuit, ses jours de réception, veut une femme blonde, rousse de préférence, surtout pas de parfum atténuant, la femme au naturel.

Il y en a comme cela vingt feuillets, plus édifiants les uns que les autres.

C'est la vicomtesse qui est l'inventeur du *professeur de piano à tout faire.*

Une des grandes préoccupations de la cocotte est d'être prise pour une femme du monde. Ce sentiment a son excuse dans ceci que les femmes du monde font tout ce qu'elles peuvent pour être prises pour des cocottes.

Le premier besoin qu'éprouve une cocotte est de paraître musicienne ; pour cela elle loue un piano, trente francs par mois, achat au bout de trois ans. Une fois l'instrument placé dans l'endroit le plus apparent du salon, il lui faut un professeur, mais comme la cocotte rentre tard, ou plutôt de très bonne heure, elle dort généralement jusqu'à midi ; le temps de déjeuner, de s'habiller pour aller au bois, il est vite trois heures ; alors adieu la lèçon de piano ! Mais si la leçon est abandonnée, le professeur reste, la maîtresse le transforme en *écrivain public.*

C'est elle qui rédige la correspondance de ces dames, car elles écrivent beaucoup ; le style ne varie jamais, mais encore faut-il qu'il y ait un semblant d'orthographe ; la maîtresse de piano se charge de ce soin.

La maîtresse de piano sert également de chaperon, elle peut gagner à ce métier, environ cent cinquante francs par mois ; quelques-unes cumulent et finissent par s'établir à leur tour.

IX

Liste des maisons de tolérance dans Paris-Impur. — Pour un franc. — Un vieux monsieur de la campagne. — Un propriétaire proxénète. — Voyeur pour homme seul. — Erreur d'un ancien préfet de police. — La rue d'Isly. — Le plat du jour. — La femme intermittente. — Une femme à tout faire. — L'omnibus de l'Hôtel de Ville à Plaisance. — L'habitué et la flanelle. — Voyons le déballage ? — Rue Beaurepaire. — La dix-septième lettre de l'alphabet. — Marie la bretonne. — Pauvre Ave Maria.— Les maquerelles de salon. — Méfiez-vous des marchandes de modes. — Une maison machinée. — Une séance de magnétisme. — La chasse à courre.

Dans *Paris-Impur*, j'ai publié la liste des maisons de tolérance, leur adresse, et le nombre de leurs pensionnaires. Cette liste, rigoureusement exacte, copiée sur un *document officiel*, n'avait jamais été publiée ; aussi provoqua-t-elle un grand étonnement chez les lecteurs, lorsqu'on vit que le nombre de ces maisons n'est que de *soixante treize* et que le nombre de femmes qui forment le personnel de ces maisons n'est que de SIX CENT QUATRE-VINGT-SIX !!

Pour une ville comme Paris, ce chiffre minime est extraordinaire.

L'étonnement des lecteurs cessera, lorsqu'il saura que le nombre des maisons de prostitution clandestine est considérable, et que malgré la modicité du prix, ce ne sont pas des filles de bas étage qui se livrent à ce métier; ce sont des cocottes dont quelques-unes sont célèbres dans le monde galant.

Le proxénétisme revêt toutes les formes : la sage-femme, le garçon de café, l'interprète, le commissionnaire, la voisine, la sœur, la tireuse de cartes, la marchande à la toilette, la courtière en bijoux, lingeries et parfumeries ; souvent c'est le père même qui vend sa fille ; il y a de nombreux exemples de ce dernier cas. Les tribunaux ont fréquemment l'occasion de juger les auteurs de semblables monstruosités, mais malgré que les magistrats appliquent consciencieusement et impitoyablement la loi, ils sont impuissants à endiguer le flot sans cesse montant.

Il y a six mois à peine, la cour d'assises de la Seine condamnait par contumace, à dix ans de travaux forcés, un italien du nom de Bruni, ex chef de la figuration des enfants à l'Eden-Théâtre, à l'époque — juillet 1887 — où l'on jouait la *Cour d'amour*.

Bruni disparut en annonçant qu'il allait se jeter dans la Seine. Etant au piano, presque chaque soir, il commettait des attentats sur les petites filles qu'il avait sous sa direction.

Celle qui lui valut sa condamnation était une gamine de douze ans, nommée Marie Molaux, sous le prétexte de lui faire raccommoder un accroc à son maillot, il l'avait fait monter dans sa loge et... au bout d'un certain temps, il l'avait renvoyée en lui donnant *un franc* et en lui défendant de rien dire à *sa mère.*

Ah ! s'il avait connu *la mère*, il aurait sûrement fait marché avec elle, pour d'autres séances, car, quelque temps plus tard, *la mère* comparaissait devant la 10e chambre du tribunal correctionnel pour avoir vendu sa petite fille à une proxénète, la fille Magnin.

La proxénète, qui était en rapport constant et direct avec plusieurs vieux, la livra souvent pour une rosière. Un jour le pot aux roses se découvrit : la petite Marie refusa de continuer le métier qu'on lui imposait et cessa de rapporter l'argent qu'elle « gagnait » chez la Magnin. *La mère*, furieuse de voir lui échapper cette source de bénéfices, battit l'enfant abominablement, et eut l'audace de la dénoncer au commissaire de police de son quartier, en priant ce magistrat de la faire mettre en correction, comme étant une gamine incorrigible.

La malheureuse petite était atteinte d'une maladie vénérienne. Elle fut envoyée à l'hospice des enfants assistés.

Quant à *la mère*, elle fut gratifiée de deux ans de prison, et la proxénète en eut pour huit mois.

Un détail curieux revélé aux débats :

Un *vieux monsieur de campagne*, qui n'était pas autrement désigné dans la procédure, avait promis aux deux abominables femmes une somme de deux mille francs pour Marie qu'on lui avait garantie comme vierge alors qu'elle était contaminée jusqu'aux moelles; *la mère* disait à se propos :

— Cet argent-là me fera un rude bien, j'en ai joliment besoin.

La mère proxénète ! Si cela ne se comprend pas, cela peut s'expliquer par l'empire qu'elle a sur son enfant et la crainte qu'elle lui inspire, mais un *propriétaire proxénète*, voilà qui est plus rare.

Il existe dans une rue avoisinant la place Pigalle, rue qui porte le nom d'un amiral célèbre, un propriétaire qui a deux bonnes à son service; il va sans dire qu'elles n'y restent pas longtemps. Le soir venu, vers neuf heures, les deux bonnes partent chacune de leur côté, elles vont au hasard, et racolent ; elles *ramènent* les hommes dans la maison... Aussitôt qu'ils sont partis, le propriétaire accourt et ramasse l'argent.

Ceci n'est pas mal comme invention, mais ce qui est mieux, c'est que dans la chambre où se livrent les bonnes, il y a des *voyeurs pour lui seul!*

Jamais il n'invite d'amis.

Voilà un rude gourmand !

Pourquoi le chiffre des *maisons de rendez-vous* est-il aussi élevé ?

La police des mœurs ignore-t-elle donc qu'elles existent ?

Pas le moins du monde, elles sont activement surveillées, et, si elles sont tolérées, jusqu'au jour toutefois où des plaintes s'élèvent contre elles, pour des scandales trop éclatants, ou pour abus de mineures, c'est qu'elles sont une source précieuse d'information, source peu morale, mais utile à ce qu'il paraît pour le bon fonctionnement de la police. Du reste les femmes ont toujours été les meilleurs agents politiques, et même au point de vue criminel. On se souvient que Pranzini et tant d'autres furent pris à cause de leur séjour dans une maison de filles ; on pourrait multiplier les exemples à l'infini.

Un ancien préfet de police, bien placé pour traiter cette question, a publié ceci jadis, au sujet des maisons de prostitution clandestines :

« A la différence des maisons de tolérance, elles *n'ont généralement pas de pensionnaires* et elles ne sont pas soumises aux règlements administratifs.

« Autrefois, pour n'être pas régulièrement autorisées, elles n'en étaient pas moins l'objet d'une surveillance active, et quant la fermeture n'en était pas ordonnée, c'est que d'une part la police avait reconnu qu'elles pouvaient être tolérées, et que, d'autre part, l'administration y trouvait parfois une source d'informations utiles, délicates et discrètes. »

L'auteur commet une erreur volontairement sans doute, car les maisons de rendez-vous *ont des pensionnaires.*

La liste des maisons de prostitution clandestine est longue. On comprendra qu'il est impossible de la publier toute entière. D'ailleurs ce livre n'est pas un guide pour les cochons qui recherchent ce genre de plaisirs ; néanmoins, il est indispensable de donner un aperçu, ne fut-ce que pour démontrer, au point de vue documentaire, combien la prostitution envahit chaque jour notre bonne ville de Paris.

Rue d'Isly (je ne donne pas le numéro) la patronne porte un nom noble, *ses pensionnaires* lui donne du *de* gros comme le bras. Madame *de* par-ci, madame *de* par-là ; à force, elle a fini par croire que c'est arrivé. La première lettre de son nom suit celle que porte l'omnibus de l'Hôtel-de-Ville à Plaisance. Elle a choisi la rue d'Isly en souvenir de la célèbre bataille gagnée par le maréchal Bugeaud en Afrique; elle a eu raison car chez elle il s'en livre, de rudes batailles !

Il y a chez elle deux sortes de femmes : *le plat du jour* et l'*intermittente.*

Le *plat du jour* est la femme à demeure, une piocheuse que la besogne n'effraye pas ; elle *travaille* de neuf heures du matin à deux heures après minuit. On ne la sert qu'aux étrangers de passage à Paris, on la leur présente sous tous les noms imaginables : Claire, Joséphine, Mina, Marie, quelquefois comme la veuve d'un grand seigneur, réduite à se prostituer pour payer la pension de ses enfants ; suivant la mode elle est tantôt blonde, rousse, brune ou châtain.

Le prix, comme diraient *Frise à plat* ou *Vert de gris*, à la Foire aux pains d'épices, est à la portée de toutes les bourses : un louis ! un simple louis ! avec cette différence toutefois qu'on paye d'avance quand même on n'est pas content, et qu'on ne rend pas l'argent en sortant.

L'*intermittente* appartient à tous les milieux. Elle vient de l'*Elysée Montmartre*, du *Rat Mort*, du *Moulin de la galette*, de l'*Eden*, des *Folies-Bergères* ou des quartiers aristocratiques.

Elle est généralement servie aux *habitués*.

Toutes ces maisons ont des *habitués* qui y viennent passer quelques instants, suivant l'expression connue : *faire flanelle;* cette expression signifie : *flaneur;* dans le monde galant, en haut comme en bas, elle veut dire : homme qui ne monte pas !

Quand l'*habitué* arrive, sa première question est celle-ci :

— Dis donc, la patronne, y a-t-il du nouveau ?

Si elle répond affirmativement, l'*habitué* demande à voir le *déballage*.

S'il en trouve une de son goût, il paye le prix *d'ami, dix francs ; l'intermittente* partage avec la patronne.

Il n'y a pas de quoi faire fortune avec les *amis*.

Rue Beaurepaire, un nom singulièrement choisi pour y expliquer la dix-septième lettre de l'alphabet. Cette rue se trouve au coin de la rue des Degrés, ainsi nommée parce qu'il n'y a que des escaliers ; elle donne asile à une *maison de rendez-vous* connue d'un très petit nombre de clients.

Elle était il y a peu de temps dirigée par *Marie la Bretonne*. On l'avait ainsi surnommée parce qu'elle portait le costume, depuis la coiffe, jusqu'aux chaussures, d'une paysanne de Concarneau ou de Roscoff.

Marie donnait de sa personne dans les grands jours. Elle savait contenter tous les clients quelles que fussent leurs exigences ; elle ne s'était point cantonnée dans une spécialité, c'était une femme pratique qui connaissait le fameux proverbe : Une souris qui n'a qu'un trou est bientôt prise. Elle savait se retourner.

Marie avait une manie étrange : elle recevait ses clients en égrenant son chapelet, un chapelet magnifique qu'un franciscain italien lui avait laissé en gage faute de pouvoir payer sa consommation. Quel que fût le travail auquel elle se livrait, elle ne le lâchait jamais et murmurait dévotement un *Ave Maria*.

Les prix étaient assez élevés, ils variaient suivant l'âge et le sexe.

La plupart des maquerelles de salon prennent pour chaperon des enseignes de professions les plus honorables ; c'est ainsi que rue

Grange-Batelière, à la porte d'une maison d'assez belle apparence, on peut lire sur un écusson en tôle vernie : *Marie ; Modes.*

N'y entrez jamais, mesdames, car les modes qu'on y vend n'ont point pour ornement la fleur d'oranger; on y trouve de tout, excepté des chapeaux.

Elle n'est pas la seule dans la rue Grange-Batelière; il n'y a pas bien longtemps, à gauche, en entrant par le faubourg Montmartre, on rencontrait une maison moitié bourgeoise, moitié atelier, comme dans le Marais.

Sous le porche, à gauche, était un escalier borgne par lequel on accédait à un entresol; on ne pouvait rien rêver de plus bourgeois comme aspect. Après avoir traversé l'antichambre, on se trouvait dans une grande salle à manger percée de deux fenêtres qui donnaient sur la rue; deux portes vitrées, dans le fond, leur faisaient face.

Le salon présentait à peu près le même aspect, toujours deux fenêtres sur la rue, et en face deux portes à deux battants.

Vers six heures du soir, comme dans les féeries, changement à vue. Au moyen de cloisons mobiles, la salle à manger et le salon dans le sens de leur largeur étaient coupés en deux parties ; celles-ci au moyen d'autres cloisons étaient encore divisées en deux pour former deux petits cabinets complétements obscurs, qui, du côté opposé à leur entrée, faisaient face aux portes vitrées de la salle à manger, ou aux portes du salon.

Comme ameublement, il y avait un canapé des plus confortables, sous les coussins duquel étaient dissimulées quelques serviettes.

Chacun de ces réduits avait un canapé semblable.

Des ouvertures convenablement et mystérieusement ménagées permettaient de voir, de chacun d'eux, sans être vu, l'intérieur d'une immense chambre à coucher.

Au milieu de cette chambre à coucher, pareil à l'autel, un énorme lit surélevé de trois marches ; appendus aux murs, des gravures et des tableaux obscènes, à faire frémir un escadron de dragons.

Pourquoi cette machination théâtrale ?

Cet appartement était habité par une femme, madame R..., qui avait sûrement la tête la plus canaille qui se puisse rencontrer dans le monde entier, mais en revanche elle possédait un corps sculptural, divin, merveilleux.

Comme profession ordinaire, elle faisait le

trottoir, du faubourg Montmartre à la Madéleine.

A certaines heures, les éromanes arrivaient; une vieille dame à l'aspect vénérable, tout ce qu'il y a de plus correct, les recevait avec la plus grande déférence.

Pour pénétrer dans l'intérieur de cette maison, il y avait un mot de passe, une formule connue des initiés.

— *La vieille dame* — Que désire Monsieur ou Madame? suivant le sexe du visiteur, car il y en avait pour les deux.

— *Le visiteur, ou la visiteuse* — Je viens pour la séance de magnétisme animal.

— Bien.

Sur cette réponse affirmative, que le visiteur ou la visiteuse fût seul ou deux, il donnait cinq louis; c'était un prix fait comme des petits patés. La monnaie encaissée, on l'enfermait dans l'un des quatres cabinets — indifféremment — ci-dessus décrits.

La maîtresse du logis, quand les quatre cabinets étaient complets, descendait sur le boulevard et allait faire son *levage*. Jamais elle n'allait bien loin. Quelques minutes après, elle revenait accompagnée d'un homme jeune ou vieux, cela importait peu; pourtant le vieux était préférable; elle n'était pas difficile pour le choix. Peu lui importait qu'il donnât peu ou beaucoup, cela lui était fort indifférent ; pour elle, c'eût été un maigre bénéfice : elle était payée plus que largement par les *voyeurs*.

Elle entrait dans la chambre avec l'homme de rencontre. Tous deux se déshabillaient nus comme vers, et elle se mettait à courir autour du lit poursuivie par l'homme ; c'était la *chasse à courre*, il ne manquait que les sonneurs de trompes.

Les postures succédaient aux postures. Quand c'était un vieillard, la chasse présentait plus de péripéties, il courait haletant, tombait, se relevait, courait encore ; quand elle avait jugé la course suffisante (d'autres clients attendaient) elle se laissait atteindre... On devine l'utilité du lit....

Alors, des cabinets, partaient non des soupirs, mais de véritables hurlements ; les hommes venus seuls, ceux qui étaient accompagnés d'une amie, ou de leur chien, les Tribades venues deux se tordaient, excités par leurs immondes passions.

Filles de Lesbos, dames Lesbiennes, mères, sœurs et filles des Tribades antiques, vous qui n'êtes pas bégueules, ce que vous auriez vu s'accomplir, dans cette maison, sous vos yeux, vous aurait fait rougir, à coup sûr; il y avait de quoi, à travers les siècles, faire palpiter en vos tombes vos mânes licencieuses.

C'était infâme, mais plus infâme encore le fils d'un magistrat qui faisait alors son droit à Paris, qui y vit son père accomplir la fameuse chasse à courre; et une princesse des plus authentiques, dans un accès de folie hystérique, enfonça la porte vitrée en criant :

— A moi! à moi!

Les jours de grande fête, quant un grand seigneur voulait s'offrir pour lui seul le régal de la chasse, on lui louait les quatre cabinets pour mille francs!

Plus infâme et plus horrible encore : la femme R... avait une amie, toutes deux avaient un bouc pour amant; alors la scène devenait inénarrable... Il était impossible d'aller plus loin dans l'ordure.

Rien ne meurt, surtout le vice.

Que peuvent les magistrats chargés de veiller à la morale publique pour réprimer de semblables excès?

Malheureusement peu de chose, quand des mineures ne sont pas les *deus ex machina* de semblables orgies.

X

Les maisons de rendez-vous. — Madame Leroy. — Toutes cent gardes. — Le coup de l'Album. — Cent mille francs de crédit. — Un mandat du préfet de police. — L'abbaye pour dames. — Madame Rapineau. — Fleurs et plumes. — un parquet de glaces. — Une maquerelle prévoyante. — La belge et le coup de la chambre meublée. — Un voyeur à l'œil. — L'ode à la lune. — Les causes de la guerre de 1870. — Un voyeur rancunier. — Mâle et femelle. — Coût : cinquante francs. — Une jolie famille. — Deux lettres édifiantes. — Jupon bleu et chemise fine. — Les amies de pension.

Rue de Provence, maison tenue anciennement par Jeanne D... Elle s'est retirée des affaires après fortune faite; sa bonne, une assez jolie fille, a essayé de continuer l'exploitation, mais elle n'a pas été assez habile pour réussir.

Sur les maisons modernes, on peut lire sur une petite plaque bleue : Eau et gaz à tous les étages. Rue Boudreau, il n'y a pas de plaque indicatrice, cela n'est pas nécessaire; impossible de se tromper; on peut frapper à n'importe quel étage, si on y trouve l'eau et le gaz, on y trouve aussi un certain nombre de belles filles ; la clientèle est fixe, elle appartient à tous les mondes.

La plus célèbre de ces maisons est celle de la rue Duphot. Elle était dirigée jadis par Madame Eppinger, connue dans le monde galant sous le nom de Leroy ; elle a depuis changé de titulaire.

Dans cette maison il n'y a pas de petites femmes, on recherche avec soin les plus grandes. En les voyant réunies, on croirait contempler une escouade de cent gardes. Le prix est de deux louis invariablement, au minimum. Il y a des habitués fidèles, les femmes leur ont donné des sobriquets : le *Docteur*, *le Bey* (de Tunis ou d'Alger) *Boulot*, etc, etc.

Généralement, tous les clients sont affublés par les femmes du titre de : *commandant*.

Mon commandant par-ci, mon commandant par-là ; c'est on ne peut plus comique, surtout lorsque cela s'adresse à un vieillard bedonnant cacochyme, qui, en fait de galons, n'a que des chevrons gagnés chez les proxénètes.

L'un des assidus nommés plus haut a un tic : il prend quatre femmes, leur donne à chacune cinq louis ; il leur fait exécuter dans le costume primitif la danse du ventre et leur donne rendez-vous pour le lendemain en leur disant : J'ai une toute petite femme, c'est pourquoi je vous aime. Le lendemain, il manque le rendez-vous, et tout se borne là, jusqu'à une prochaine séance où les choses se passeront de même.

Dans cette maison, il n'y a pas de prix d'amis ; la clientèle y est des plus aristocratiques.

En dehors des femmes attitrées, beaucoup de femmes entretenues par des vieillards, qui leur laissent des loisirs, viennent de temps en temps y faire une *passe bourgeoise ;* elles y viennent volontairement et souvent sur demande. On y voit aussi des « actrices » de nos petits Théâtres, de celles qui, en gagnant deux cents francs par mois, trouvent moyen d'avoir cinquante mille francs de diamants.

Çà, c'est du métier et ne surprendra personne au courant des mœurs parisiennes ; si l'homme ne va pas à la femme, la femme va à l'homme ; au lieu de la rue, c'est un salon, mais c'est tout comme. Ce qui surprendra, c'est de savoir que des femmes qui portent un nom et tiennent un rang dans le monde, qu'on est exposé à rencontrer aux bras d'hommes honorables et considérés, viennent dans cette maison, et dans d'autres similaires, pour y satisfaire leurs goûts — pour homme ou pour femme !

Nous n'en sommes pas encore aux usages de Madrid, mais cela vient peu à peu, car le *coup de l'album* commence à avoir du succès et se pratique volontiers ; il est du reste commode, et n'occasionne pas de dérangement pour la femme.

Voici en quoi il consiste :

La proxénète collectionne les photographies de toutes les femmes qui se sont adressées à elle. Par embarras momentané, ou par profession, quand un homme se présente, elle lui soumet l'album ; il choisit ; elle fait demander la femme. On voit que rien n'est plus simple. Il va sans dire que les prix ne figurent pas en regard de la photographie, car le client doit ignorer la « commission » prélevée par la proxénète.

Les proxénètes s'enrichissent à ce joli métier. On peut en juger par ce fait : un jour, à propos d'une affaire de mineure, une descente de police eut lieu chez la femme Leroy ; il y fut saisi pour plus de *cent mille francs* de billets à ordre que lui avaient souscrits ses clients. La preuve, la voici :

Le préfet de police qui eut connaissance de

cette affaire extraordinaire rédigea un mandat ainsi conçu :

« Nous, préfet de police,

« Vu les renseignements à nous parvenus, desquels il résulte que le sieur F..., se disant avocat et domicilié à Paris, rue..., est détenteur de pièces saisies au domicile du sieur Eppinger dit Leroy, telles que lettres, billets à ordre, etc., etc. ;

« Attendu que la possession desdites pièces ne peut s'expliquer que par un acte délictueux, et qu'il importe d'empêcher qu'il en soit fait un usage préjudiciable à l'honneur du bien ;

« En vertu de l'article du code d'instruction criminelle ;

« Mandons et ordonnons à M. Clément, commissaire de police, de se transporter au domicile dudit F..., à l'effet d'y rechercher et saisir lesdits papiers, qui seront envoyés à la préfecture de police.

« Le procès-verbal qui sera dressé de cette opération nous sera transmis sans délai avec les objets saisis placés sous scellés.

« Fait à Paris, le 24 février 1881.

ANDRIEUX.

On aura peine à croire que l'homme d'affaires en question avait déjà préparé le commencement des poursuites, contre les débiteurs de la femme Leroy.

Rue d'Amboise, Mlle Blanche d'Eg... tient une maison d'un ordre moins relevé; pourtant les prix sont assez élevés : dix francs pour les amis et vingt francs pour le vulgaire.

Rue Pasquier, même scène qu'à la rue Grange-Batelière. *Voyeurs*.

Ici, nous tombons en plein dans l'invraisemblable. Rue de la Lune, dans une maison d'assez belle apparence, on peut lire sur une porte d'un des étages de la maison : *Florina*, au-dessous : *artiste*, et, dans l'angle de la plaque bleue une blanche *colombe !*

C'est à faire rêver.

Rue de Ponoy, existe une maison connue seulement des *lesbiennes*, sous ce nom : l'*Abbaye*.

Rien ne distingue cette maison des autres de ce quartier aristocratique; les allées et venues y sont discrètes ; les équipages qui amènent ces dames ne stationnent jamais devant la porte cochère ; il faut être présenté, cela se passe en famille.

Rue Saint-Lazare... La patronne est connue sous le nom de *Rapineau ;* elle n'a pas volé son sobriquet, sa générosité, avec ses *ouvrières*, va jusqu'à leur donner *trente sous* par client.

Il est à remarquer que la majorité des putains et des maquerelles portent le doux prénom de la vierge Marie. Rue du Château-d'Eau, Marie fait la clientèle de quartier ; c'est une spécialité, les prix sont doux.

Rue de la Victoire, c'est tout à fait cocasse. Le fils de la maison est chargé du personnel ; il va en remonte, et le soir venu, endosse une livrée et sert de valet introducteur pour les clients.

Rue Richelieu, dans une maison de haute apparence, on peut lire à gauche de la porte cochère, sur une plaque en tôle vernie : *Fleurs et plumes ;* au troisième étage, sur la porte, même indication avec ces mots en plus : *Entrez sans frapper.*

En ouvrant la porte on pénètre dans une antichambre circulaire, à droite il y a une porte sur laquelle brillent sur une plaque de cuivre, ces mots : *Plumes fines,* sur la porte parallèle : *Ateliers de fleurs.*

La patronne, fort avenante, suivant les désirs du client lui fait servir la marchandise demandée.

Tout récemment la police vient de faire une descente rue de Tilsitt. Elle y trouva une mineure de quinze ans que son père amenait là, comme les mères conduisent leurs enfants à l'école.

Le parquet de cette maison hospitalière, on pourrait presque dire de cette école professionnelle, est entièrement composé de glaces ; inutile, je pense, d'en expliquer les motifs.

La femme qui tient cette maison est prévoyante, car on saisit un carnet avec toutes *les adresses des clients*. Sa réponse fut typique.

— Pourquoi gardez-vous si précieusement ce carnet compromettant ?

— En cas d'*avaro*, mes clients, tous gens bien placés, sont forcés de me défendre pour ne pas voir leurs noms livrés à la publicité.

Une des plus connues est *la Belge*, rue Condorcet. Celle là est une maligne ; elle loue des chambres meublées, à l'heure ou à la nuit ; certaine de ses chambres lui rapporte quelquefois quarante francs par jour !

Rue du Faubourg Saint-Denis une vieille [illegible] s'il vous plaît, madame de X..., tenait il y a peu de temps une prétendue agence [illegible] *de reconnaissances du mont-de-piété* ; [illegible] du quartier [illegible], elle attirait chez elle [illegible] seize ans, elle leur oftrait des bijoux en *toc*, puis les livrait à des vieillards. Elle fut arrêtée, puis aussitôt remise en liberté, trop de gens eussent été compromis si l'affaire avait eu une suite. Elle est aujourd'hui tranquillement en Belgique où elle vit grassement; elle est dame de charité à Sainte-Gudule, pour une fois savez-vous.

Il existe, dans le quartier de la Bourse, une maison de rendez-vous merveilleusement organisée. A un certain moment, la patronne fut dénoncée, plusieurs descente de police eurent lieu dans cette maison, mais l'enquête fut étouffée.

Toujours pour les mêmes raisons.

Cette maison était approvisionnée par un truc nouveau.

Des proxénètes se faisaient passer pour des dames de charité appartenant à des sociétés de bienfaisance ; elles parcouraient les quartiers des Halles, de Montmartre, de Belleville et de Ménilmontant, elles se glissaient dans les familles, dans les ateliers, elles distribuaient un minime secours par-ci par-là, donnaient rendez-vous aux filles, puis les conduisaient à la maison.

On devine le reste.

Il existe aussi de soi-disant *agences dramati-*

ques et lyriques qui ne sont que des agences de débauche et de prostitution clandestine. Là, le moyen employé pour attirer les jeunes filles ne présente aucun danger ; il n'est pas nécessaire de les recruter à domicile ou dans la rue, elles viennent s'offrir d'elles-mêmes, l'âge ne fait rien à la chose ; de douze à vingt ans, c'est la moyenne.

Si les parents, ce qui se voit peu, à moins que ça ne leur rapporte pas, protestent et se plaignent : Que voulez-vous, dit le proxénète, votre fille est venue à mon agence pour un engagement ; mes livres sont en règle, et ils le *sont en effet, je lui ai procuré les moyens de* gagner sa vie, tant pis si elle a mal tourné, *je ne suis pas chargé de la surveiller hors d'ici.*

Pas moyen de poursuivre.

La D.....elle, une des plus émérites, blanchie sous le harnais, fait, l'été, venir ses pensionnaires du *Jardin de Paris,* actuellement du *Moulin Rouge ;* c'est une arabe de la pire espèce, elle prend à ses clients vingt cinq louis, et en donne cinq à la cocotte ; elles le savent, mais néanmoins c'est à qui postulera d'aller *travailler* chez la *maquerelle.*

Elle est fort riche, cela se conçoit, avec un pareil bénéfice !

Dans la rue des Martyrs, aux environs d'un cabaret célèbre, on rencontre, vers huit heures du soir, une fillette de douze ans, formée comme une petite femme. Elle porte, cela va sans dire, des jupons courts qui laissent voir des jambes superbes ; ses cheveux, d'un beau noir, sont tressés en nattes, attachés par un ruban rouge ; elle marche lentement dans la rue, elle s'arrête aux devantures des boutiques et regarde attentivement les objets étalés. Naturellement, son allure peu commune fait retourner les passants ; quand l'un d'eux se met à la suivre, elle marche rapidement du côté de sa demeure. Au moment de franchir le seuil de la porte d'allée, elle se retourne, l'homme s'arrête, et presque aussitôt une femme qu'il n'avait pas aperçue marchant derrière lui, lui frappe sur l'épaule. Etonnement de l'homme. — Monsieur c'est ma fille, lui dit-elle, elle est bien jeune, mais que cela ne vous effraye pas, si vous voulez monter un instant vous reposer, venez, car la course que vous venez de fournir vous a essoufflé.

L'homme accepte. On arrive au troisième étage, il s'assied, aussitôt la fillette s'en va sous le prétexte de faire une commission chez une voisine ; un quart d'heure, une demi-heure se passe, elle ne revient pas, la mère tempête : Sacrée gamine, ça ne pense qu'à jouer; attendez, monsieur, je vais l'appeler ; elle ouvre la fenêtre et appelle de toutes ses forces : Victorine! Victorine ! Rien ne répond. Alors la mère s'adresse à l'homme qui commence à n'être pas rassuré : En attendant que la petite revienne, si monsieur voulait ?..... Le tour est joué, la petite est partie à la recherche d'un autre cochon et la même scène se jouera.

La procureuse se déplace ; après le Grand-Prix, sa clientèle n'étant plus à Paris, elle va la chercher aux villes d'eaux, mais il faut qu'elle s'entoure d'une infinité de précautions; elle fait distribuer une circulaire confidentielle dans laquelle elle dit que le service sera continué comme par le passé, qu'elle a un assortiment merveilleux de roses thé, fleurs toujours fraîches, sans cesse renouvelées, et pour éviter des recherches ou des méprises ennuyeuses à ses clients, ses pensionnaires portent constamment à la ceinture un piquet de roses thé; le réglement de compte se fait après la journée ou la nuit.

Elles n'ont pas encore osé prendre la fleur d'oranger pour emblème, cela viendra.

J'en aurais encore un grand nombre à citer.

mais comme elles n'offrent rien de particulier, cela n'est pas nécessaire, cette énumération n'ayant pas, je le répète, été faite pour servir de guide, puisque je ne donne pas les numéros, mais bien à titre documentaire, pour indiquer les raisons qui font décroître les maisons de tolérance au profit des maisons clandestines.

J'aurais pu m'étendre longuement sur les maisons de *voyeurs*, à quoi bon? A ceux qui les connaissent, je n'apprendrais rien ; aux ignorants, il n'est pas utile de les initier.

Qui croirait qu'il existe des *voyeurs* qui pratiquent le *posage du lapin* quand on sait qu'on les fait payer d'avance comme au spectacle?

Eh bien, il en est qui ont trouvé le moyen d'être *voyeur* à *l'œil!*

En face le ministère des finances, il existe plusieurs hôtels fréquentés par l'élite de la société étrangère, des anglais principalement ; on connaît l'amour des anglaises pour l'eau fraîche, elles y sont habituées dès l'âge le plus tendre ; aussi, dès le matin elles procèdent à leur toilette avec soin et se lotionnent des pieds à la tête.

En été, comme elles avaient remarqué qu'en face d'elles, les fenêtres étaient toujours fermées et que les employées n'arrivaient que vers dix heures, pour procéder à leurs ablutions, elles laissaient leurs fenêtres ouvertes.

Un employé qui s'était aperçu de ce fait arrivait de meilleure heure, il s'embusquait derrière les rideaux et *voyait* les adorables miss dérouler leurs cheveux blonds, ôter lentement leur chemise, et apparaître comme Vénus sortant de *Londres*. Cela ne lui suffit pas, il *voyait* bien, mais voulait voir mieux encore, car la rue est assez large et certains détails sur lesquels je n'insiste pas lui échappaient ; alors il imagina d'acheter une longue vue marine, il la plaça dans un angle obscur et cette fois rien ne lui échappa, pas même le plus petit grain de beauté ; il vit même des amants indiscrets venir aider leur maîtresse... Un jour, il fut surpris par son sous-chef de bureau en train d'assister à une scène qui ne se joue généralement que la nuit dans une alcôve ; il se sentit frapper sur l'épaule, en même temps son supérieur lui disait :

— Que diable faites-vous là ?

— Je regarde la lune !

— Mais vous lui posez un lapin !

Le sous-chef, qui était un égrillard, au lieu de le gronder sur son indiscrétion, murmura la fameuse *Ode à la lune* :

L'astre des nuits, quand il est dans son plein
De ton beau Cul est le parfait modèle ;
La lune est blanche et ton Cul de satin
N'est ni moins blanc ni moins arrondi qu'elle.
Mais si de la lune ton Cul
Avait la hauteur importune,
Je serais un homme foutu
Car tous les soirs je prends ton Cul ;
Je ne pourrais prendre la lune.

Pierre-Paul Rubens, l'illustre peintre, a émis cet aphorisme : *voir* n'est pas *regarder ;* avait-il pressenti les *voyeurs* modernes ?

L'expression de *voyeurs*, quoique datant de 1862 au moins, ne figure pas dans les *dictionnaires d'argot ;* c'est pourtant une expression énergique qui indique très exactement l'action à laquelle elle se rattache.

Les *voyeurs* jouent un grand rôle dans les maisons de prostitution clandestine ; ils sont une source d'immenses bénéfices pour les patronnes de ces maisons, car il existe toute une catégorie de gens qui payent des prix énormes pour satisfaire leur lubricité ou leur folie érotique. Folie n'est pas une expression exagérée, car il faut être sérieusement fou pour avoir une semblable passion, les gens qui la possèdent relèvent certainement plus de la faculté que de la police correctionnelle.

Qui pourrait supposer que le *voyeur* a pu jouer un rôle politique et être la cause de graves événements ?

On a beaucoup écrit, davantage discuté sur les causes qui amenèrent la fatale guerre de 1870-1871, entre la France et l'Allemagne. A vingt ans de distance, la question est encore pendante et n'est pas élucidée. Eh bien, la cause de la guerre de 1870 est due à un *voyeur !*

En 1869, je crois me souvenir, le prince de Bismarck vint à Paris. Dans un salon, il fit la rencontre d'une grande dame de l'Empire, réputée pour avoir la cuisse légère. Il alla lui rendre visite. Elle le reçut dans un petit salon entièrement tendu de velours noir lamé d'argent; aux murs, des appliques en argent, dans lesquels brûlaient une profusion de bougies roses qui répandaient une odeur parfumée; pour tous meubles, deux poufs et une chaise longue semblables aux tentures.

Le prince fut pressant, la grande dame résista, se débattit.

— Non, prince, pas la première fois, un autre jour; quelle opinion auriez-vous de moi?

— Que celle d'une femme charmante.

Bref, elle se défendit, puis se rendit.

Le prince voulut lui offrir de l'argent, elle le refusa avec indignation.

— Vous n'y songez pas, lui dit-elle.

— Alors, madame, vous me permettrez de vous offrir un cadeau ?

— Non, prince, je suis assez payée.

M. de Bismarck y prit goût, d'autant plus qu'il avait été très satisfait et que cela ne lui avait rien coûté. Il revint.

Même lutte que la dernière fois ; seulement comme on était en été, la dame était vêtue d'une chemise en mousseline tellement transparente que c'était comme si elle n'en avait pas. Le chancelier de fer, pour se mettre à l'unisson, se dévêtit, ne gardant que ses bottes ; elle se mit à courir autour de la chaise longue, le prince courut aussi, essayant de la saisir, mais elle lui glissait des mains comme une anguille, enfin de guerre lasse... Il voulut encore lui offrir un cadeau, qu'elle refusa.

Quelque temps plus tard, M. de Bismarck apprit qu'il avait simplement joué le rôle de figurant, que dans les tentures de velours étaient dissimulés des petits regards presque imperceptibles, qui permettaient à une douzaine de personnes à la fois de jouir du spectacle, et que justement ce jour-là, parmi les *voyeurs*, il y avait un ambassadeur, deux ministres de l'Empire, et un illustre général.

Sa colère fut grande, et il jura de se venger. Comprend-on, l'avoir vu, lui, dans le simple appareil, avec ses bottes, costume qui manquait vraiment de majesté !

Il se vengea cruellement.

Le journal le *Courrier Français* donne actuellement à l'Élysée un bal masqué pour lequel les invitations sont très recherchées. Mon confrère Jules Roques est assailli à tel point qu'il est forcé d'interdire sa porte. L'année dernière, en compagnie de Mac-Nab, le spirituel chansonnier, des principaux membres du *Club des mufles* : Brassel, Poirot, Boyeldieu, Dupont, Leclaire, Heutte, Guillaumet, etc., etc. nous sommes allés à ce bal.

J'étais assis en face d'un guéridon proche d'une immense glace ; devant moi deux femmes se faisaient vis-à-vis à un autre guéridon, dégustant lentement, en connaisseuses, une bouteille de champagne ; de ma place, je ne pouvais voir leur visage, mais dans la glace, je pouvais admirer à l'aise leurs magnifiques épaules.

Toutes deux étaient grandes, chaussées de souliers de satin, la jambe moulée dans un bas de soie marron, à coins brodés, vêtues de deux robes à peu près semblables, en satin blanc broché de fleurettes multicolores ; les robes étaient à traine; le corsage, largement échancré, *laissait voir* une poitrine appétissante ; il ne tenait aux épaules que par miracle, *laissant voir* des bras nus, avec une jolie fossette au coude ; leurs mains fines étaient petites et potelées. De près en plongeant dans le corsage indiscret, on aurait pu voir la chute des reins. Pas de bijoux ; au cou, un simple ruban de velours noir qui tranchait sur la blancheur de la peau. Elles étaient coiffées, pareillement, à la *Marie-Antoinette*, avec trois plumes blanches qui formaient panaches et retombaient gracieusement sur leurs merveilleux cheveux noirs, plus noirs que l'ébène.

Comme le matin approchait, je me hasardais à leur offrir à souper à l'*Abbaye de Thélème*, le célèbre restaurant de la place Pigalle. Elles acceptèrent sans se faire prier.

Il faisait un temps sec, un peu froid ; le plein air ne pouvait que nous faire du bien. Nous voilà partis à pieds ; il n'y a du reste pas loin de l'Elysée à l'*Abbaye*. J'en avais une à chaque bras, faisant comme on dit : « le panier à deux anses »; elles se pelotonnaient auprès de moi, si près, si près que, malgré leurs sorties de bal, je sentais la chaleur de leur peau... J'en avais la chair de poule et je trouvais l'*Abbaye de Thélème*, la terre promise, bien loin, bien loin !

Enfin, j'aperçus le chasseur qui se tenait sur le seuil.

On nous offrit un cabinet, le splendide cabinet Louis XV ; c'était un cadre splendide pour mettre en valeur les deux belles.

C'est à peine si je pus manger, je ne me lassai pas de les admirer et je trouvais le souper bien long.

Avec un peu de patience, et il en fallait, arriva le dessert, je dis au garçon que je le sonnerais pour l'addition. Ouf! nous étions seuls.

Tout comme monsieur Clément pour le fameux complot boulangiste, je me mis en devoir d'opérer une minutieuse perquisition, sans écharpe toutefois et sans solennité. . . . .
. . . .
Arrivé au terme de mon exploration, je poussai un cri terrible de fureur, de rage, de désappointement : je venais de rencontrer ce que la désolée Héloïse aurait bien voulu trouver chez Abélard après l'acte barbare du chanoine Fulbert.

— Mais vous êtes des hommes, leur dis-je.

— Mais oui, me répondirent-ils en minaudant,

et en frappant les bouts de leurs doigts avec leurs éventails.

Je voulais douter, croire à une mauvaise plaisanterie, hélas ! impossible, les preuves étaient palpables.

J'avais envie de taper dessus, de crier à la garde, à l'assassin, mais en réfléchissant, je pris la chose bravement et songeais à tirer parti de mon aventure.

— Comment t'appelles-tu, dis-je à l'un d'eux ?

— Valentine, surnommée *la duchesse*.

— Et ton ami ?

— Léa *la marquise*.

— Et vous faites ce métier de courir les bals pour raccrocher les pédérastes ?

— Non ! nous sommes venus pour nous amuser, nous n'avons pas besoin de cela pour vivre ; nous sommes entretenues très richement, Valentine par un des plus riches banquiers parisiens, et moi, par le général X... ; de plus nous donnons des séances dans les « maisons hospitalières. »

— Comment cela ?

— Dans les maisons à *voyeurs*.

— Avec des hommes ?

— Non ! nous sommes indifféremment, suivant les cas *actif* ou *passif*, seulement l'*actif* revêt un costume au gré du client.

— Quel costume ?

— Vous vous souvenez de l'affaire de la rue Montaigne ? Lors de la descente de justice, on trouva dans le vestiaire des costumes d'évêque, de marin, de procureur général, de militaire qui servaient à l'usage que je viens de vous indiquer.

— Mais c'est tout simplement odieux.

— Des goûts et des couleurs, il ne faut pas discuter, me répondirent-ils en chœur.

— Ah ! vous avez raison, fis-je, il faut laisser l'*égoût !*

Quant à la couleur, c'est le garçon qui vit celle de mon argent : cent-cinquante francs ! mais je ne les regrette pas.

Quelquefois, les parents commencent la dépravation de leurs filles, et la nécessité d'entretenir un luxe que leurs ressources ne peuvent pas leur donner les jette tout droit dans les bras d'une proxénète quelconque, voire même d'une maison de plus bas étage encore.

Tout récemment, trois femmes comparaissaient devant le tribunal correctionnel, sous la prévention de *vol à la carre* dans un grand magasin de nouveautés ; c'étaient la mère et les deux filles.

Ces femmes menaient grand train, elles donnaient de grands dîners, elles avaient leur jour de réception ; après le dîner on jouait à la roulette. Elles occupaient un appartement de 3,000 francs, aux environs de la Madeleine, elles avaient deux pensionnaires, jeunes gens du meilleur monde qui payaient chacun trois cents francs par mois ; elles étaient considérées dans le quartier, et reçues dans des maisons honorables. Le dimanche, elles allaient aux offices et étaient réputées comme des femmes pieuses.

Un jour, elles furent prises en flagrant délit et malgré de puissants protecteurs, les juges firent leur devoir ; n'écoutant que leur conscience, ils les condamnèrent la mère à un an de prison, et les deux filles chacune à un mois.

L'opinion publique pouvait, et c'est ce qui arriva, plaindre les deux pauvres fillettes qui avaient subi l'ascendant de leur mère et avaient été entraînées à commettre une mauvaise action.

Quelque temps plus tard, l'une d'elles, dans un salon du faubourg Saint-Germain, fit la rencontre d'un jeune homme charmant appartenant à une famille honorable et honorée ; le jeune homme la demanda en mariage.

Cinq mois après le mariage, elle introduisit

devant le tribunal civil de la Seine, une instance en séparation contre son mari qu'elle représentait comme un dissipateur et un brutal.

Le mari allait perdre son procès, lorsqu'il eut la véritable chance de découvrir une jolie correspondance.

C'est vraiment charmant pour une demoiselle du monde.

La première lettre est, paraît-il, d'un officier.

Amélie-les-Bains, 3 février.

MADEMOISELLE MARIE B...

51, rue de Rivoli

Quelle idée, ma chère petite Marie, de me demander si je veux bien t'écrire pour toi seule.

Ne sais-tu plus que je suis toujours trop heureux de m'isoler avec toi tout à fait, *quand les distances le permettent* et faute de mieux par le cœur. Je pense bien à toi, va, durant ces longues journées où je serais si libre de mon temps *si tu étais à ma portée* et que tu veuilles me donner rendez-vous à la fontaine Saint-Michel — tu te rappelles ! Oui je me rappelle toujours cette *équipée* là et puis l'*autre aussi?* J'en revois tous les détails d'une manière nette et précise comme si c'était hier.

Je n'ai rien oublié *de ce que nous avons fait et éprouvé*. Eh!... qu'il y a longtemps cependant! des mois se sont écoulés, et depuis *cette dernière fois* c'est à peine *si nous avons été heureux, et si mal, si peu!* C'est cependant *bien bon*, et pour moi, je ne puis me lasser de *tes caresses*, de *tes baisers* et de toutes nos *folles gourmandises*. Il n'y a pas *un seul endroit de ton corps où je n'ai pas été amoureux de toi*, et je te promets que *le goût m'en est joliment resté*. Pourquoi ne peux-tu pas venir de temps en temps passer quelques heures avec moi? Je ne peux pas te dire à quel point *j'ai soif de toi*. C'est que voilà terriblement *longtemps que je jeûne, j'ai une faim de loup, dans mon lit, vois-tu, c'est si fort que cela m'en fait mal*. Et toi, comment vas-tu, ma chère amie, es-tu plus raisonnable?

..... Mets-tu quelquefois le *petit jupon bleu et la chemise fine?* ou bien réserves-tu cela *pour les grands jours?*

Adieu, ma chérie, *je t'embrasse jusqu'au fond de la bouche.....*

Maurice D...

Je ne sais pas si la noble demoiselle avait réservé pour « le grand jour » de son mariage « le petit jupon bleu et la chemise fine », c'est improbable si on en juge par cette lettre adressée à une maquerelle bien connue :

Lundi, 10 heures.

MADAME G. G...,

54, faubourg Saint-Denis.

Chère amie,

Je comptais aller vous voir aujourd'hui, espérant avoir une bonne nouvelle à vous annoncer ; ah ! bien oui, déconfiture complète sur toute la ligne, je suis furieuse. J'ai été mercredi, non le matin comme c'était convenu, car la déveine me poursuit et j'ai été souffrante dans la nuit de mardi à mercredi.

Enfin dans la journée, j'y cours quoique souffrante. Il m'attendait depuis le matin et *était disposé à être plus que charmant*, *obligée de lui refuser*, vous voyez ma tête d'ici, *il n'était pas content du tout*. Enfin *je fus si gracieuse, si aimable* qu'il me donne rendez-vous pour le matin

9 heures 1/2, afin *de rester seuls quelques instants.* J'y cours comme bien vous pensez et me fait (*sic*) bien belle, j'en rage (*sic*) encore chère amie, monsieur ne peut pas me recevoir, mais m'attend à la fin de la semaine, vendredi matin.

Et pas un *traître sou à la maison? papa de mauvaise humeur*, peu d'ouvrage par dessus le marché, nous recommençons ces maudites corbeilles sans cela.....

Priez donc un peu pour moi que la chance me revienne comme il y a deux mois, cela a trop peu duré, et je n'en ai vraiment *pas profité.* Enfin j'espère, il veut toujours que je sois sa petite femme pour toujours, *il est rudement long à se décider, oh ! s'il veut me donner de quoi attendre je ne le presserai pas*, il peut en être sûr, et je l'aimerai beaucoup . . . .
. . . .

Je vous aime bien fort,

MARIE.

C'est après cette édifiante lecture que revint à la mémoire du malheureux mari qu'à chaque instant venaient chez lui des femmes à allures étranges, que sa femme lui présentait comme *des amies de pension*.

Elle ne mentait pas, c'était bien d'une pension, mais d'une pension dont la fameuse Leroy était la grande maîtresse universitaire !

XI

Parfumeuses, lingères et libraires. — Les boutiques à surprises. — Une bonne aventure. — Faut-il vous rendre la monnaie? — Une jolie parenté. — Méfiez-vous des amies.

Si les maisons de prostitution clandestine font une guerre acharnée et une concurrence terrible aux maisons de tolérance, les parfumeuses, lingères, libraires, les soi-disant marchandes de tableaux et de curiosités, en font une non moins redoutable aux maisons de rendez-vous.

On les connaît sous le nom de *boutiques à surprises*.

Que peut y faire l'administration?

Les faire fermer! Après, le lendemain, d'autres reviennent et recommencent sous une nouvelle enseigne!

Ce genre de prostitution sera expliqué par cette aventure récente arrivée à un de nos magistrats les plus connus.

Ce magistrat est un amateur passionné de bibelots et d'objets d'art ; il a collectionné principalement les curiosités orientales, tapisseries, armes, bronzes ciselés dont il possède un choix merveilleux.

Il s'arrête continuellement devant les vitrines et les étalages de brocanteurs et marchands de curiosités, il connaît à fond tous les bibelots exposés depuis le palais de Justice jusqu'au fond des Batignolles.

Un jour, pour rentrer chez lui, il changea son itinéraire habituel et passa rue de la Chaussée d'Antin ; devant le n°..., il aperçut des tapisseries étincelantes affichées à un prix des plus modiques.

Il s'approcha et découvrit parmi d'autres objets, une coupe en bronze, ciselée, dont la forme originale le séduisit à première vue.

Il entra et fut reçu par deux jolies femmes, qui se précipitèrent vers lui d'un air aimable, empressées.

Songeant à son bibelot, il ne fit pas attention aux marchandes.

— Combien, fit-il, cette coupe qui est en montre?

— Dix francs!

C'était pour rien. Le magistrat tira de sa poche un billet de cent francs, qu'il remit à l'une des deux femmes.

— Si monsieur veut venir chercher la monnaie? lui dit la femme.

Il suivit la marchande, et se trouva dans un salon coquet : glaces partout, tapis épais sur le sol ; un canapé et des poufs complétaient l'ameublement.

Étonné, il attendit.

La femme lui prit les mains... Je passe sur la scène et sur la conversation.

— Mais, c'est ma monnaie et mon vase que je veux, dit-il d'un ton qui n'admettait pas de réplique.

Les deux femmes se rajustèrent en un clin d'œil, comprenant qu'elles s'étaient trompées, rendirent la monnaie et la coupe à l'amateur.

La maison ne fut pas fermée.

Jadis, les passages de l'opéra et d'autres avaient le privilège des gantières et des parfumeuses, mais l'autorité parvint à les faire fermer, en menaçant les propriétaires de poursuites en vertu d'une ancienne ordonnance de police.

Passage de l'opéra, il y eut une parfumeuse célèbre, la fille O... Un jour, une descente de police eut lieu, et on trouva dans l'arrière-boutique une femme en train d'essayer une paire de gants à un collégien ; elle avait choisi pour cette opération un costume qui ne la gênait pas, elle était complètement nue. La femme fut arrêtée. Qu'on juge de la stupéfaction du magistrat instructeur, lorsqu'elle déclara qu'elle était mariée, qu'elle avait quatre enfants, et qu'elle était la nièce d'un haut fonctionnaire d'un ministère!

— Mais pourquoi, lui dit le magistrat, étiez-vous si peu vêtue!

— Il faisait si chaud, répondit-elle!

Dans cette même boutique, en 1885, il arriva à une dame du monde une aventure assez ennuyeuse.

C'était une fille P... qui était propriétaire du magasin, mais comme elle était malade depuis quelque temps, elle avait cédé son commerce à une jolie blonde. Malgré cela, elle aimait à venir fréquemment revoir le théâtre de ses anciens succès.

Depuis longtemps, la préfecture de police avait l'œil ouvert sur cette boutique. Un soir, trois inspecteurs des mœurs en surveillaient les abords, lorsqu'ils virent arriver Mlle P... en compagnie d'une femme charmante, laquelle ignorait absolument la mauvaise renommée de cette boutique.

Les inspecteurs prirent les visiteuses pour des filles, cela étant d'autant plus vraisemblable qu'elles avaient été précédées par deux messieurs; tandis que l'un des inspecteurs allait prévenir le commissaire de police, les deux autres s'opposèrent à la sortie des deux femmes.

Devant le commissaire de police, tout s'expliqua ; l'amie de Mlle P... fut relâchée, et le titulaire de la boutique envoyé au dépôt.

On compte environ à Paris trois cents boutiques de ce genre. Il est assez rare que les patronnes opèrent elles-mêmes ; cela s'explique, les clients veulent sans-cesse du nouveau et il faut leur en servir sous peine de ne plus faire d'affaires. Cela ne les embarrasse pas, elles ont cinquante femmes pour une, et le *salon d'essayage* ne chôme jamais.

DEUXIÈME PARTIE

CELLES D'AUTREFOIS

CELLES D'AUJOURD'HUI

I

Une vierge comme il y en a tant. — Un prince qui craint les courants d'air. — On sent la mer d'ici. — Kalil Pacha. — La potion de Jouvence. — Doublons la dose. — Le chocolat du planteur. — Un pacha à trois queues. — Une nouvelle manière de rendre un dîner. — Les haricots récalcitrants. — Histoire de quatre nobles demoiselles de la cour de Napoléon III. — On ne sait jamais ce qu'il pense. — Une joyeuse devise. — Une Madeleine repentie. — Il est trop laid. — Comme le gigot, saignant.

Celle-là, je ne veux pas la nommer, mais tout Paris la connaît.

C'était alors une brune, et une belle brune.

Lorsqu'elle débuta aux Variétés, elle fit sensation ; on jugea immédiatement que point ne serait besoin d'avoir des lunettes de l'Observatoire pour la voir *lever*.

Coiffée de bandeaux à la Vierge, ses longs cheveux noirs aux reflets bleus et ses longs cils voilaient l'éclat de ses yeux, donnaient à son visage un air de candeur incomparable.

On eût dit une Vierge pudique et non une future prêtresse de l'amour.

Des Variétés, elle passa à l'Odéon ; on la vit au Gymnase, puis elle partit en tournée en Amérique.

Depuis son retour, elle a renoncé au théâtre, ou le théâtre a renoncé à elle ; elle écrit !

Signe particulier qui aidera à la faire reconnaître.

Les mauvaises langues, qui ont eu le plaisir de partager ses faveurs, affirment qu'au moment psychologique, elle témoigne sa satisfaction par une musique qui a fait la gloire d'Armand Silvestre.

Une nuit, un prince, le prince de G..., lui avait demandé l'hospitalité qui n'avait rien d'Ecossais. Elle ne cessait de lui dire : Prince, êtes-vous satisfait ?

— Non ! répond le prince, je m'en vais, car je craindrais de m'enrhumer.

— Pourquoi ?

— Ce bruit de castagnettes dont je n'ai pas l'habitude m'agace horriblement ; vous devriez, ma chère, vous réserver aux Espagnols ! ou bien vous résigner à habiter sur une plage !...

— Je ne comprends pas !

— ... Sans vous froisser, on pourrait dire qu'on sent la mer d'ici !

Un jour, pourtant, cette passionnée devait trouver son maître, voici à quelle occasion :

Kalil-Pacha voulut ajouter le virginal prénom de la belle à la liste déjà longue de ses conquêtes, sans compter celles de son Harem.

Il n'y eut point besoin pour cela d'ambassadeurs, de notes diplomatiques, de protocoles ; l'affaire fut conclue sur une simple offre, appuyée de raisons de *poids*.

La belle était pressée d'encaisser la forte somme, mais Kalil-Pacha, malgré les avances qui lui étaient faites, remettait toujours l'exécution du marché au lendemain.

Enfin, vint un moment où il fallut qu'il s'exécutât à moins de passer pour un émule du célèbre Abélard.

Kalil avait connu au champ de courses d'Auteuil le docteur Thévenet ; celui-ci, un célèbre farceur, était devenu son médecin ; Kalil le pria de venir pour une affaire urgente, et lui tint ce langage :

— Mon cher docteur, j'ai rendez-vous ce soir avec mademoiselle X....

— Diable, répondit Thévenet, c'est grave, c'est une femme à outrance.

— Je le sais, aussi c'est ce qui m'inquiète, d'autant plus que je frise la quarantaine et que depuis vingt-cinq ans j'ai un Harem de quarante femmes ! Entre hommes, on peut s'avouer cela... Je suis un peu... fatigué... vanné même si vous voulez ; je désirerais que vous me donniez quelque chose qui me fasse... plus jeune de quelques années.

— Soyez tranquille, fit Thévenet, je vais vous faire préparer une petite potion, je vous l'enverrai. Invitez la dame à dîner, puis, au dessert, absentez-vous un instant sous un prétexte quelconque, buvez un petit verre à liqueur du contenu du flacon ; deux heures après, vous m'en direz des nouvelles.

Le soir, le grand 16 du café anglais flambait. Kalil y dînait en joyeuse compagnie.

Comme il était convenu, au dessert il s'absenta, puis déboucha le flacon de Jouvence.

Une réflexion lui vint :

— J'ai dit à mon docteur que j'étais un peu fatigué, même vanné, je lui ai menti, je suis archi-vanné ; au lieu d'un petit verre à liqueur, je vais en boire un verre à bordeaux.

Il l'avala, puis rentra dans le cabinet ; les cavaliers et dames ne tardèrent pas à tourbillonner.

Au bout d'une heure, et à la vue de l'orgie d'épaules qui s'étalaient devant lui avec toute l'éloquence de la chair, Kalil, se sentait bien, même très bien, il était plus qu'en forme. A son tour il devint pressant, si pressant qu'il quitta ses convives en emmenant la belle brune.

Dans la voiture, elle eut toutes les peines du monde à lui rappeler qu'il était un grand seigneur, et qu'il ne devait pas se conduire comme les amoureux sans domicile qui prennent un fiacre pour abriter leurs amours passagères.

Enfin, à deux heures du matin, ils étaient couchés. Quelle séance, Messeigneurs !... Le matin, vers dix heures, la femme de chambre entra, sur la pointe des pieds, apportant le traditionnel chocolat, pas de la *Compagnie Coloniale*, le chocolat *du Planteur;* elle trouva sa maîtresse à moitié morte, gémissante, étendue presque nue sur le tapis.

La vue de la femme de chambre ranima Kalil ; il sauta à bas du lit sur elle, pour lui prendre le... chocolat des mains ; elle se mit à pousser des cris terribles. A ses cris, le valet de chambre accourut, mais à la vue de l'état du Pacha, il s'enfuit épouvanté, se souvenant de la légende des mœurs Turques.

On courut chercher Thévenet qui fit mettre son client au bain, puis il lui administra une médication vigoureuse. Quelques heures plus tard, il était redevenu à son état normal de Pacha vanné, il s'en ressentit d'ailleurs le restant de sa vie ; quant à la dame, il lui fallut un mois et plus pour se rétablir de l'émotion qu'elle avait éprouvée.

Quand elle racontait l'histoire à ses amies, elle disait :

— Je sais bien que Kalil est un des plus grands dignitaires de son pays, un Pacha à trois queues... Mais me donnerait-il cent mille francs que je ne voudrais pas passer une pareille nuit !!!

Il lui arriva un jour une bien bonne aventure.

Elle voulait pendre la crémaillère, afin que, en invitant quelques-uns de ces petits jeunes gens qui paient leurs dîners par quelques lignes d'éloges qu'ils glissent subrepticement dans *les échos* des journaux à femmes, elle puisse avoir un regain de réclame ; mais elle était tiraillée entre l'amour-propre et l'avarice ; à force de chercher, elle trouva un moyen terme.

Elle invita deux ou trois bonnes langues de ses amies et deux de ces petits jeunes gens, des punaises d'encrier, comme disait Xavier Eyma ; pour tout menu, il y avait un potage, un civet et une salade. Au beau milieu du repas, un vigoureux coup de sonnette retentit. On alla ouvrir : c'était Hector de Callias, qui, à cette époque, était encore présentable ; son premier mot fut celui-ci : — J'ai faim. — Ah ! il n'y a rien, dit-elle. — Donnez-lui donc toujours quelque chose, dit une des amies. Tout en rechignant, elle le fit servir, il mangea, et but largement. Comme elle avait « quelqu'un » à recevoir, vers huit heures, elle pria ses convives d'aller faire un tour jusqu'à dix heures, heure à laquelle on souperait.

L'amie qui avait fait manger Callias, vexée, en sortant, prit le bras du pauvre garçon et lui proposa de l'emmener au *Lapin Agile*, chez Saltz (aujourd'hui ce cabaret est connu sous le nom *des Assassins* et tenu par Adèle). Là, elle commanda un dîner épatant, une salade de haricots,aux harengs saurs ; Callias en mangea d'une façon effroyable et but tant et tant, que vers neuf heures et demie, il était complètement ivre.

Ils prirent une voiture, et à dix heures sonnant ils revenaient chez Mlle X...

Il s'assit sur un canapé, et, sans doute que les haricots s'accommodaient mal du vin du *Lapin Agile*, car à peine était-il installé qu'il lança un *renard* formidable sur le tapis, éclaboussant les meubles, les rideaux, les tentures.

— Cochon, dit Mlle X... furieuse, tu ne pouvais donc pas aller dégueuler plus loin !

— De quoi te plains-tu ? dit majestueusement Callias,tu nous as donné à dîner,j'ai pas attendu huit jours pour te le rendre, avec des haricots en plus.

Puis il sortit, pendant que les bonnes amies se tordaient de rire, et que la bonne ramassait les fameux haricots !

Etant au théâtre, elle fut engagée par un impressario pour une grande tournée en Amérique ; ses camarades la plaignaient :

— Pauvre femme, disait l'une, elle aura le mal de mer.

— Ou bien la fièvre jaune, dit une autre.

— Ne la plaignez donc pas, ajouta la méchante C... elle n'aura jamais été à pareille fête, elle va filer quinze nœuds à l'heure !

Ceci pourrait s'intituler : *Histoire de quatre nobles demoiselles de la cour de Napoléon III;* elle est la preuve que toutes les cocottes n'appartiennent pas à une noblesse de contrebande.

C'était vers 1864, c'est-à-dire que l'Empire battait son plein, et que partout les fêtes succédaient aux fêtes.

On parle constamment de la « corruption impériale ». Si j'en juge par les scandales, dont chaque jour les journaux se font l'écho, les mœurs démocratiques ne sont pas meilleures ; de tous les temps, il en a été de même. La « corruption » ne vient pas d'un régime, elle vient d'une infinité de causes qui n'ont rien de commun avec la politique, quelles qu'elles soient ; au temps Impérial, certaines grandes dames avaient, suivant l'expression d'alors, « la cuisse légère. »

De toutes les garnisons, de toutes les préfectures, la ville de Versailles était la plus recherchée.

Dame ! en trois quarts d'heures de cheval ou en voiture, en trente minutes par l'express, on pouvait y aller.

Et puis quel choix ! Les deux régiments de carabiniers, l'artillerie de la garde, un régiment de zouaves, un régiment de voltigeurs, toujours de la garde, deux régiments de lanciers commandés par de jeunes et riches officiers : c'était affriolant.

Les Zouaves avaient moins de succès si ce que l'histoire raconte est exacte :

Napoléon III voulant changer le pantalon de plusieurs de ses régiments, fit essayer le nouveau modèle par un des plus beaux hommes de chacun des régiments. Le jour fixé, il les passa lui-même en revue pour juger de l'effet ; il était accompagné de quelques dames de la Cour.

Sur le même rang, il y avait un chasseur, un guide, un voltigeur, un grenadier, un artilleur, un lancier et enfin un zouave.

Napoléon III, au fur et à mesure, recueillait les avis de ces dames.

Arrivé au zouave : Comment trouvez-vous cette large culotte ? dit-il à la princesse de R..., le soldat y est à l'aise !

— Peuh ! fit-elle avec une moue dédaigneuse, avec une culotte semblable, on ne sait jamais ce qu'il pense !

A Versailles, on cavalcadait et on cotillonnait.

ferme. Les dames de Versailles qui n'étaient pas réputées, comme la citadelle de Lille, imprenables, subissaient des assauts fréquents.

Quatre d'entre elles surtout tenaient la corde :

La première fille, d'un noble commandant d'un régiment.

La seconde, nièce d'un général.

La troisième, fille d'un autre général.

Et enfin la quatrième, fille d'un gentilhomme peintre à la mode alors.

Ces demoiselles étaient entourées ; depuis le sous-lieutenant jusqu'aux colonels, l'armée entière était à leurs genoux. Or, il advint un soir ce qui fatalement devait arriver.

Il y avait grande fête de gala à la Préfecture. Le comte de Saint-Marceau aidé par ses charmantes filles et par son secrétaire, le comte Allez-d'Arros, en faisait les honneurs.

Les quatre demoiselles y assistaient.

Depuis longtemps, leur cœur avait fait un choix, c'est ainsi que cela se chantait jadis.

Pour le souper, avant le cotillon, elles étaient assises chacune à côté de leur préféré.

Le souper terminé, on appela les couples pour le cotillon : Maria, Léa, Su zanne, Henriette ?

L'écho seul répondit.

Nouveaux appels, rien, toujours rien, pas de Suzanne, pas de Maria.

Voici ce qui s'était passé :

Après le souper, elles étaient parties furtivement, avaient traversé la place et s'étaient rendues à l'Hôtel de la Chasse. Là, elles changèrent leur toilette de bal, pour leur toilette de ville, qui, au lieu d'être chez elles, se trouvait là comme par hasard ; elles burent rapidement un verre de champagne pour se donner du courage sans doute et partirent rapidement.

Henriette et Suzanne montèrent dans un landau, et fouette cocher pour Rambouillet ! En même temps, Maria couchait prosaïquement à l'Hôtel de la Chasse, puis le lendemain allait s'installer à Paris, dans un élégant pied à terre que son amant y avait.

Quant à Léa, qui devait être aussi de la petite fête, elle fut obligée d'y renoncer, car ce soir-là, elle dut danser le cotillon avec son père qui l'emmena à temps.

Depuis, elle prit sa revanche.

Le lendemain de cette triple disparition, ce fut un beau scandale à Versailles.

Aux différents mess des officiers, sur les promenades, sur les avenues, au parc, partout on ne s'abordait qu'ainsi :

— Vous ne savez pas ?

— Non ! quoi ?

— Maria, Suzanne, Henriette.

— Eh bien !

— Envolées, disparues, enlevées !

Les exclamations les plus différentes se succédaient :

— Ah ! ah ! ce n'est pas possible, c'est un mensonge !

Pendant un mois, on en parla, mais il fallut bien que les plus incrédules se rendissent à l'évidence.

Maria vécut cinq ans maritalement avec son amant qui mourut d'une blessure à la suite d'un duel ; elle en eut deux enfants.

Elle devint quatre fois millionnaire par suite du décès d'une de ses tantes, la marquise de C... Sa fortune tenta un polonais le comte de K...ki, qui reconnut les enfants.

Les polonais sont capables de tout.

Suzanne entra au théâtre des Variétés. Elle avait la plus jolie jambe de Paris, ce qui lui valut un grand succès ; ce succès la fit engager au théâtre du Châtelet où elle doubla Mariani ; elle fit la joie des yeux des spectateurs et même d'autre chose.

Comme on lui demandait comment une

femme de sa race avait pu en arriver là, elle répondait :

— Ma foi, je n'en sais rien, je ne l'aimais pas; je vous jure que c'est la faute d'Henriette qui m'a entraînée; en tout cas, je renonce à la devise de notre maison pour prendre celle des joyeux : *Hilarité*, joyeux serment; après nous la fin du monde.

Maria resta quinze jours avec son amant. Elle lui fut enlevée par un poëte chevelu qui arrivait à Paris, et, un mois à près sa fugue, elle mangeait la soupe à l'oignon au théâtre des Variétés.

Ce poëte, qui depuis a fait son chemin, en enfourchant un bidet en place de Pégase, est connu dans le monde des filles sous le nom de la Vieille Blonde.

Comme Madeleine, elle se repentit, entra au couvent. Sa vie de noceuse dura en tout huit mois.

Quant à Henriette, qui était adorable, elle fut recherchée et demandée en mariage par les hommes les plus en vue de l'empire.

Elle refusa Aristarchi-Bey sous prétexte qu'il était grec; Eugène Pereire,qui en était fou à lier, parce qu'il n'était pas beau et qu'il était baptisé au sécateur; bref, elle refusa tous ses soupirants sous les prétextes les plus amusants.

Enfin, vers sa vingt-huitième année, elle se décida à épouser un baron authentique, capitaine de gendarmerie attaché aux chasses impériales, M. de V... Après la mort de celui-ci, elle débuta, sans autre succès que celui de jolie femme, au théâtre des Folies-Dramatiques, sous le pseudonyme transparent de P...

Elle devint Lesbienne en grande réputation ; elle en mourut.

Ce fut à elle qu'une grande actrice, devenue chanteuse de café-concert, la voyant faire chapelle devant la cheminée du foyer du théâtre, dit ceci qui est resté légendaire :

— Tu sais ma petite Prel-prel, si s'est pour moi, pas trop cuit, j'aime çà comme le gigot saignant.

II

Adèle Courtois, la belle hollandaise. — Un baron généreux. — Une villa joyeuse. — Le petit local de la rue Geoffroy-Marie — Tirons le rideau. — Caroline Letessier. — Un sac à os. — Caroline Hasse et la crevette sentimentale. — Deux cent mille francs dans le Rhin. — Myope à prendre la tour Eiffel pour un bâton de sucre de pomme. — L'omnibus et la boutique du pharmacien. — Un préfet gourmand. — Deux langoustes pour une homme seul. — Trente cinq ans plus jeune à la veilleuse. — B... d'A... — Cythère et Lesbos. — Le petit local de la rue Rossini. — Colbrun dans une baignoire. — Un prince qui n'aime pas le champagne. — Les dix premiers louis. — Un valet veinard. — Le coup de la bière. — Anna Deslions. — Un pont d'or. — Une clef qui coûte quatre cent vingt mille francs.

Adèle Courtois, surnommée la *belle hollandaise*, une belge qui descendait sans doute des temps de l'occupation espagnole : jamais cheveux plus noirs ne couronnèrent un visage plus mat, d'une blancheur éclatante.

Son âge ? il se perd dans la nuit; celui qui le connaissait est mort depuis longtemps. Vers

1860, elle avait un fils qui était capitaine dans l'armée belge.

Après madame de Païva, Adèle était la plus riche des cocottes de Paris, elle possédait environ quatre millions qu'elle avait eu la prévoyance de placer en valeurs de premier ordre.

Ce n'était pas tout.

Un baron lui faisait une pension de six mille francs par mois, et lui donnait en outre vingt-cinq mille francs le jour de sa fête à lui, et égale somme pour sa fête à elle : c'était un joli bouquet!

Ce n'était pas tout.

Il lui donnait cinquante mille francs pour le jour de l'an. Avec cela, elle pouvait mener un train de maison princier. Elle ne s'en faisait pas faute!

En outre de l'appartement de la rue Saint-Georges, Adèle possédait, près de la Malmaison, une des plus belles villas des environs de Paris. Là, l'été, c'était un balthasar permanent, on y rencontrait : Peduzzi, Caroline Hasse, Caroline Letessier, Lucie Mangin, la Barucci, Soubise, Anna Deslions, les intimes, plus les amies, et les amis des amis ; on chantait, on dansait, et comme dit la chanson, on y faisait l'amour la nuit comme le jour.

Le jeudi soir, la bande joyeuse s'envolait, et le vendredi matin le baron arrivait.

Pour le recevoir, les laquais étaient en grande livrée ; deux maîtres d'hôtel majestueux servaient monsieur à table. Il déjeunait avec madame, il s'en allait régulièrement à quatre heures et à six heures la petite fête recommençait jusqu'au vendredi suivant.

Adèle, et elle le savait, servait de plastron au baron. Celui-ci n'aimait que des jeunes éphèbes aux cravates bleues ou roses qu'il raccrochait dans le passage Jouffroy ou galerie d'Orléans.

Pour se payer cette petite satisfaction, il emmenait ses amis de passage dans un petit appartement luxueusement meublé, rue Jeoffroy-Marie ; une fois là... le célèbre marquis de Sade n'aurait pas rêvé une pareille orgie.

Caroline Letessier, mince, si mince que, comme Sarah Bernhardt elle aurait pu faire son lit dans un canon de fusil ; elle était plus maigre que la maigreur même, un vrai *sac à os*.

Elle était blonde, flavescente, de jolis yeux bleus, profonds à faire rêver ; elle paraissait poitrinaire jusqu'aux moëlles, mais ce n'était qu'en apparence. Signe particulier, jamais, les jours de pluie, elle ne se retroussait, depuis qu'un jour sur le boulevard un type lui avait crié : — Madame fait sécher ses bas sur des pincettes !

Elle semblait toujours pâmée et vous regardait, comme si votre vue allait la faire tomber en syncope.

Caroline Hasse, son amie intime, l'avait un jour de belle humeur surnommée : *la crevette sentimentale ;* avec cela et pour compléter son portrait elle était myope à prendre la tour Eiffel pour un baton de sucre de pomme.

Caroline avait de plus le caractère le plus épouvantable qui se puisse voir.

C'était un vrai tonneau des danaïdes, une insatiable. Radgenski lui donna son hôtel et quatre millions en moins de trois ans.

Carlo H... y laissa les trois quarts de sa fortune. Un jour, ils allaient ensemble à Bade. Caroline, pour chercher quelque chose, ouvrit son coffre à bijoux, H... aperçut une parure qu'il ne connaissait pas. Ils passaient en ce moment sur le pont de Kelh. H..., sans souffler mot, s'empara du coffret, et jeta le tout dans le Rhin. Heureusement que c'étaient des bijoux de voyage, il n'y en avait guère que pour deux cent cinquante mille francs ; si l'écrin complet s'était trouvé dans le coffret, il y en aurait eu pour plus d'un million.

La myopie de Caroline faillit être fatale à un ancien préfet, célèbre pour son amour des pompiers.

Un soir, elle revenait de dîner au Moulin Rouge avec lui ; ils regagnaient, pour chasser les fumées du champagne, le faubourg Saint-Honoré à pied ; elle le jeta sous un fiacre, croyant qu'un omnibus allait les atteindre.

L'omnibus n'était autre que la boutique d'un pharmacien éclairée de deux bocaux de couleur !

Ce préfet était resté, jusqu'à soixante ans, le type le plus parfait du viveur, jeune et élégant ; ce fut lui qui, étant en fonctions, écrivait à la Planaize, la fameuse proxénète :

— J'ai un ami à déjeuner demain, envoyez deux langoustes, mais plus fraîches que la dernière fois.

Le gourmand mentait ; les deux langoustes, c'était pour lui tout seul !

C'est lui qui fit à une grande dame, la comtesse de P..., cette superbe réponse pour un homme de son âge :

— Comment, vous, monsieur, un grand père? lui dit un jour la comtesse.

— Madame, répondit-il, j'ai soixante ans, sur mon acte de naissance ; j'en parais quarante-cinq ; mais à la veilleuse, je n'en ai réellement que vingt-cinq, je vous le prouverai quand vous voudrez.

L'histoire ne dit pas ce que répondit la dame.

B... d'A..., encore une blonde opulente, les aimant tous, les aimant toutes !

Le jour et la nuit, elle était prête ; en dehors de son domicile officiel, elle possédait un *Buen-Retiro*, rue Rossini, en face les écuries du baron Alphonse de Rotschild. Il était composé d'une cuisine, d'une salle à manger et d'une chambre à coucher, tendue de velours bleue ciel, agrémenté de grecques de velours rouge tendre.

Son appartement officiel était pour ainsi dire son cabinet d'affaires; celui-là était destiné au délassement de l'esprit si ce n'est du corps !

Marguerite Rigolboche, Marie Pellegrin, Prelly, Armandine, les dames du Théâtre et celles de la ville, s'y donnaient de fréquents rendez-vous, et après le déjeuner, dans le costume d'Eve, elles se livraient aux plus doux ébats, pour leur compte personnel. Pas de voyeurs !

Une nuit, il prit fantaisie à Blanche de coucher avec Colbrun. Celui-ci jouait les queues rouges au Théâtre du Chatelet, il était petit, laid, couvert d'écrouelles, dégoûtant en un mot ;

pour avoir une semblable fantaisie, il fallait avoir le goût du pourri.

Au lieu de l'emmener rue Rossini, elle l'emmena à son domicile officiel. Comme elle se méfiait de la propreté de Colbrun, elle fit préparer un bain, et ils se plongèrent ensuite dans la baignoire. Ils y étaient depuis cinq minutes à peine, lorque tout à coup retentit un magistral coup de sonnette ; presque en même temps, apparaissait le prince D..... H....., le maître de la maison, l'officier payeur.

— Que faites-vous là ? dit-il en fureur.

— Je vous jure, mon ami, répondit Blanche, une fois n'est pas coutume, c'est pour me changer.

Le prince empoigna Colbrun ; il le jeta nu, sur le palier ; puis avant que Blanche n'ait eu le temps de passer une chemise, il lui administra une volée, oh ! mais là, une volée russe dont elle garda le souvenir pendant plus de six semaines ; son corps était littéralement bleu.

Cette aventure touchante la rendit plus prudente, mais n'empêchait pas les petites séances de la rue Rossini.

Blanche était une brave fille, pas bégueule ; elle se plaisait à raconter cette histoire de jeunesse :

« La première fois que je reçus dix louis d'un homme, ce fut dans les circonstances suivantes : il n'y avait pas longtemps que j'étais à Paris, et plusieurs fois je m'étais aperçue que j'étais suivie par un monsieur qui me paraissait très bien.

« Un soir, il m'aborda près de la Place de la Madeleine ; il me décida à monter dans sa voiture, il me conduisit faubourg Saint-Honoré. A peine entré dans l'appartement, il s'esquiva sans me dire un mot. En même temps, arriva un superbe valet de chambre qui m'emmena dans une chambre à coucher merveilleusement meublée, au milieu de laquelle, sur un splendide tapis de Smyrne, il y avait une bière !

« Le valet me dit que son maître était un monomane, et que sa monomanie était des plus douces ; il ajouta : N'ayez pas peur, c'est le plus charmant des hommes, il ne vous arrivera aucun mal.

« Il me pria de me déshabiller complètement nue et de me coucher dans la bière.

« J'oubliais de dire qu'elle était capitonnée en satin noir.

« Je ne savais comment m'en aller.

« Je dégrafai ma robe, mais une réflexion me vint.

— Allez-vous-en, dis-je au domestique, il n'est pas,je pense dans le programme,que je me mette nue devant vous.

« Il me répondit cyniquement : Ce sont mes petits bénéfices.

« Je me déshabillai lestement, et je me mis dans la bière. Aussitôt le domestique s'en alla. A peine était-il sorti, que le monsieur entra ; il me contempla quelques instants ; le domestique revint immédiatement par une autre porte, il s'approcha de moi et me tira un coup de pistolet.

« Le monsieur tomba comme une masse sur le tapis, en poussant des cris effroyables, le domestique l'emporta dans une pièce voisine, puis revint aussitôt m'aider à m'habiller.

« Tout cela s'était passé en un clin d'œil.

« Quand je pus me rendre compte de mon aventure, j'étais sur le trottoir et j'avais un petit portefeuille dans la main. Je l'ouvris, il y avait dix louis dedans avec une lettre contenant ces mots :

Mademoiselle,

« Si vous n'avez pas été trop effrayée, vous pouvez revenir d'aujourd'hui en huit, à la même heure, et cela tous les huit jours ; vous recevrez égale somme. »

MARQUIS DE G....

« J'étais demi-morte de frayeur, et je n'y suis jamais retournée. »

Cela s'explique, mais combien en connais-je qui, à ce prix-là, se feraient tous les jours tirer un coup de pistolet et même mieux.

Anna Deslions. Depuis plus d'un grand mois, c'était une constance rare chez le Prince Paul Démidoff : il poursuivait cette belle fille de ses assiduités ; elle résistait, ce qui était un phénomène anormal, car elle n'était pas dure, au moins moralement ; plus le prince était pressant, plus elle était dédaigneuse : elle le traitait comme un commis du Louvre, il enrageait et ne savait plus quoi imaginer, car il avait usé de tout : cavalcades, festins, offres, cadeaux, rien n'y faisait. Anna Deslions était la mer de glace !

Pourtant, un jour elle capitula, sans doute en vertu de l'axiome émis par un célèbre général : Place assiégée est bientôt prise ; elle capitula, mais avec les honneurs de la guerre.

Ce jour-là, une fille en vogue donnait à l'occasion de sa fête un souper monstre dans son coquet appartement de la rue Royale. La crême de la haute gomme y était conviée, le prince et Anna en tête.

Le souper fut éblouissant, naturellement. A table, le prince était placé à côté d'Anna ; il était plus pressant que jamais ; comme disait Hortense : il était tout à la tendresse ; le champagne aidant, à un moment donné, Anna dit au prince :

— Vous voulez... ma clef? soit, j'y consens, mais j'ai une fantaisie.

— Laquelle ? Parlez !

— Je voudrais vous voir monter mon escalier sur un tapis en or.

Le prince réfléchit un instant, puis il répondit :

— Soit, ma chère, vous serez satisfaite.

Le tout Paris, viveur de l'époque, a connu le charmant nid d'Anna Deslions ; il était situé rue Taitbout. On accédait à son appartement par un escalier particulier.

Le lendemain du souper des fiançailles, il fut convenu qu'Anna Deslions irait au bois plus tôt que de coutume, vers deux heures au lieu de cinq, afin de donner au prince le temps d'exécuter la convention.

A peine Anna était-elle sortie, que le prince Paul Démidoff arrivait ; il s'était fait précéder de quatre de ses domestiques, porteurs, chacun, d'un énorme sac sous lequel ils pliaient.

Ces sacs étaient pleins de louis.

Ils en couvrirent le tapis de l'escalier en les rangeant méthodiquement les uns contre les autres.

Quand ce travail fut terminé, les quarante-deux marches étaient recouvertes chacune de cinq cents louis, ce qui formait la somme respectable de quatre cent vingt mille francs.

Voilà une clef qui aurait ouvert bien des cœurs.

Le prince, pourtant, malgré son énorme fortune, s'estimait heureux qu'Anna Deslions, comme sa voisine et amie Soubise, n'habitât pas au quatrième étage.

C'est égal, une mine en Russie a du bon.

Elle était d'une tendresse sans égale pour tous les hommes, quelle que fut leur condition. Un jour elle donna un rendez vous à un de nos plus célèbres littérateurs, pour le jour même, et un autre rendez-vous pour le lendemain à un illustre romancier — tous deux sont morts depuis, l'un, a sa statue et l'autre l'attend — Ils étaient amis, ils se rencontrèrent et soupèrent ensemble. Vers une heure du matin, ils se dirigaient passablement éméchés vers la demeure hospitalière de la dame ; la cameriste qui veillait, quoiqu'elle n'attendît qu'un visiteur, les laissa pénétrer tous deux, songeant sans doute au proverbe : Quand il y en a pour un, il y en pour deux. La dame du logis, de son côté, avait copieusement soupé avec un jeune collégien ; elle dormait profondément. Ils se couchèrent sans l'éveiller, l'un d'un côté, l'autre de l'autre, elle au milieu. Le matin, les fumées de la veille un peu dissipées, avant le jour, les mains des deux hommes se rencontrèrent. . . . . . .

— Tiens, c'est toi, que fais-tu là ?

— Et toi ?

— Ma foi je n'en sais rien !

— Je croyais être seul ici ?

— Moi aussi.

— La garce nous trompe, veux-tu faire un serment ?

— Volontiers.

Elle dormait toujours ; ils relevèrent la couverture, étendirent leurs mains sur... et dirent ensemble :

— Jurons sur la place publique...

A ce moment elle s'éveilla. Les deux hommes s'habillèrent et partirent gravement !

Elle ne leur pardonna jamais !

III

Marie Delahaye. — M. de M... — La manie d'écrire. — A chantage chantage et demi. — Un beau lapin. — Un mouchard heureux. — Dix billets de mille francs. — Professeur de dressage. — Une fin imprévue. — Marthe de Vère. — Cinq millions gagnés sur les planches. — Un duel à coups de cravache. — Cora Pearl. — Marie Pellegrin. — Une vadrouilleuse. — L'off-meat. — Une drôle de boutique. — Une singulière procession. — Cocu et pas content. — N'écrivez jamais. — Un passant malencontreux. — Cochinat. — Le nègre qui blanchit. — Ce qui vient de la flûte retourne au piston, — Bl... P... — Un capital bien surveillé. — Deux cent mille francs pour un pucelage. — Un docteur intelligent. — Ah ! le bon certificat qu'avait Solar. — La première du Cotillon. — Une bataille homérique. — Dansera, dansera pas. — Un jugement mémorable.

Marie Delahaye était également blonde comme Hortense; ce fut à cause d'elle que le duc d'Aumale écrivait au prince de Joinville, alors en Algérie, une lettre dans laquelle il y avait cette phrase : « A Paris tout le monde pleure ! de M... va rejoindre son régiment !.. »

M. de M... était alors capitaine ; il y avait

longtemps qu'il était l'amant de Marie ; c'est ce qui explique qu'elle avait de lui des centaines de lettres extrêmement curieuses.

Il quitta Marie Delahaye, pour un motif quelconque, car on sait, que sa devise n'était pas celle-ci : Je meurs où je m'attache.

Après le coup d'Etat, qui éleva M. de M... à la hauteur que l'on sait, Marie tomba dans le domaine public.

Elle habitait alors un rez-de-chaussée, avenue Gabriel.

Un jour, elle était dans une dèche profonde ; depuis plusieurs nuits, elle n'avait pas eu de *michés* à se mettre... sous la dent ; l'idée lui vint d'écrire à M. de M... pour lui proposer de lui vendre ses lettres.

Elle ne reçut pas de réponse.

Nouvelles lettres, même silence du duc ; sans se décourager, elle écrivit tous les jours à son ancien amant ; cela devint pour lui une véritable persécution.

M. de M..., impatienté, finit par se plaindre de cette tentative de chantage au préfet de police, alors M. Boittelle.

Une lettre fut remise à Marie, lui donnant rendez-vous à la maison dorée pour souper. Elle s'empressa d'y aller, elle y rencontra un homme charmant, jeune, aimable, assez comme il faut.

Ils soupèrent, allèrent aux Italiens, puis couchèrent ensemble ; elle passa une nuit qui lui rappela son beau capitaine.

Quand, le matin, il partit, elle voulut s'assurer si son client avait été généreux.

Rien sur la table de nuit, rien sous le bougeoir.

— La rosse, dit-elle, il m'a posé un lapin, et moi qui y ai été de mon voyage.

Furieuse, un soupçon lui traversa l'esprit, elle courut à son chiffonnier ; les fameuses lettres n'étaient plus là, mais à leur place, il y avait dix billets de mille francs.

Pendant qu'elle soupait avec le jeune homme qui n'était autre qu'un agent de police, des agents avaient crocheté sa porte, fracturé le chiffonnier et volé les lettres.

Elle fit un tapage énorme, mais on lui fit comprendre que si elle ne se taisait pas, il n'y avait pas loin de l'avenue Gabriel à la prison de Saint Lazare.

On voit que la police n'inventa rien quand, en 1879, elle fit arrêter notre confrère Fervacques, au champ de courses de Lonchamps pour lui voler les lettres qu'une grande dame imprudente lui avait écrites.

De chute en chute, Marie tomba dans les cafés du boulevard et finit par échouer au *Rat mort* ; là, elle ne cherchait plus les hommes, mais les femmes ; elle mettait sa vieille expérience au service des jeunes. Elle s'intitula elle-même : *professeur de dressage*.

Cette profession ne la conduisit pas à la fortune, car elle mourut, il y a quelques années, dans un garni borgne de la rue Fontaine-saint-Georges.

Marthe de Vère mourut le 23 septembre 1885, dans un appartement de la rue Lagelbach ; elle s'appelait de son vrai nom *Esther Mordet*.

Peu de femmes eurent une plus brillante fortune. Elle débuta vers 1845. D'une très bonne famille, instruite, bien élevée, jolie à ravir, elle se fit enlever par un officier qui la lâcha quelques mois plus tard.

Dans ses pérégrinations, elle rencontra un anglais colossalement riche, sir Robert Persil, allié à la famille des Northumberland.

L'anglais devint éperdument amoureux de Marthe ; il lui fit le royal cadeau d'un million placé en rentes sur l'Etat, puis il lui acheta un hôtel sur l'emplacement duquel fut bâti, quelques années plus tard, le fameux Hôtel de Madame de Païva.

Pour se consoler, elle débuta dans un drame, à la porte Saint-Martin. Elle fut si abominablement mauvaise dans son rôle, qu'elle fut sifflée outrageusement ; jamais on ne vit plus horrible tempête, excepté toutefois à la représentation des *Funérailles de l'honneur*, et à celle de *Zacharie* où Frédérik Lemaitre fut si remarquable.

Ce début orageux ne la découragea pas. Elle resta au Théâtre, cinq ou six ans, jouant toutes les pannes dont personne ne voulait ; c'est que les planches, pour elle, étaient une réclame permanente et surtout fructueuse, à ce point qu'elle y *gagna* plus de cinq millions, quoique n'émargeant que cent cinquante francs par mois. Marthe était plus forte que le célèbre sous-lieutenant de *la Dame Blanche*.

Un de ses amants, en titre, ou plutôt un de ses commanditaires était un personnage qui joua un grand rôle sur la scène politique il y a quelques années.

Marthe était, comme on dit vulgairement, une fille à poils.

En 1863, son duel à coups de cravache avec Cora Pearl, au bois de Boulogne, fit grand bruit dans le monde de la haute gomme. La cause en fut assez curieuse et n'est pas connue.

Les deux femmes étaient en délicatesse pour un étranger fort riche, se disant arménien et se faisant appela le prince Khoras.

Depuis longtemps, elles cherchaient à se rencontrer. Un matin, toutes deux se promenaient, dans la grande allée ; l'une montait, l'autre descendait. Elles coururent l'une sur l'autre avec une furie sans égale, les coups de cravaches tombaient dru comme grêle ; les spectateurs n'intervinrent pas. Après un combat qui dura un bon quart d'heure, les deux adversaires, lassées, meurtries, durent s'arrêter.

Cora Pearl sortit de cette affaire en si fâcheux état, qu'elle fut plus de deux mois sans pouvoir quitter sa chambre.

Le fameux Arménien les lâcha toutes deux pour Obarucci à laquelle il emprunta deux cent mille francs, puis fila sans dire qu'il reviendrait.

Marie Pellegrin. Celle-ci cotoya toute sa vie le monde des grandes cocottes, sans jamais pouvoir s'y implanter, car les grandes putains ont leur aristocratie, tout comme le faubourg Saint-Germain.

C'était avant tout une irrégulière, aux idées tellement mobiles qu'elle était incapable de s'occuper plus d'une heure de la même idée, et plus de trois jours d'un homme quelque position qu'il puisse lui faire.

Aller à la *ballade*, à la *vadrouille*, suivant ses expressions favorites, c'était le but de sa vie.

Elle était si insoucieuse de l'argent qu'elle faisait poser F... qui lui apportait dix mille francs, pour s'en aller manger des frites à la halle ou une matelotte *aux Marronniers*, à Bercy, avec un *Caprice*.

Marie était le produit d'une mère concierge et d'un père ferblantier de la rue de Taranne. Elle entra vers dix ans dans les petites classes de danse de l'opéra, mais à treize ans, elle en avait déjà assez. Cela s'explique : des remontrances et des réprimandes tous les jours, et le bonnet d'âne trois ou quatre fois par semaine; une véritable vie d'enfer.

Vers les quinze ans, elle rencontra un musicien chef d'orchestre dans un bal à la mode, et, un beau soir, elle déserta la classe et la loge de la rue de Taranne ; dans l'orchestre de son amant, il y avait un piston ; elle lâcha le premier et s'attacha au second.

Elle débuta au *Prado* au lieu de débuter à l'Opéra ; elle préférait les lauriers de Louise la *Balocheuse* à ceux de la Taglioni.

Un homme bien connu, T..., pour faire

concurrence au célèbre bouillon Liebig et surtout pour faire une position sociale à Marie qu'il adorait, acheta le brevet de *l'off-meat*, un autre bouillon à la minute.

Il installa une somptueuse boutique, boulevard Haussmann, au coin du boulevard Malesherbes.

Marie, en toilette tapageuse, trônait au comptoir et pour faire apprécier la valeur de *l'off-meat*, elle distribuait des tasses de bouillon pour le prix de vingt centimes.

Les clients pouvaient même prendre un verre de madère ou de Bordeaux délicieux et à très bon marché, toujours pour faire de la réclame au fameux bouillon.

Ah ! c'était un drôle de fonds de commerce, on n'en verra jamais de semblable.

Depuis *l'Elysée Montmartre* jusqu'à *Brébant*, depuis le *Helder* jusqu'à *Madrid*, pareils à une traînée de poudre, ce furent des commentaires sans fin. Marie Pellegrin se range, Marie Pellegrin est rangée, elle a acheté une conduite ; elle tient un grand magasin Boulevard Haussmann.

Ce fut une procession étrange : Alice la *Provençale*, Finette, Rigolboche, Moutonnet, *la reine des gougnottes*, Amandine et Joséphine *la petite femme*, Clara Blum de la tribut des Brache, *la belle Polonaise*, en un mot toutes les grandes cocottes, étoiles du Paris galant, s'y donnaient rendez-vous.

Les unes entraient dans la boutique, d'autres stationnaient sur le trottoir, regardant curieusement à travers les glaces de la devanture; si une bourgeoise se hasardait dans la boutique, peu d'instants après elle s'enfuyait épouvantée, ahurie, affolée; si au contraire c'était un homme, il riait à se tordre, assailli qu'il était par un troupeau de putains, et il n'en ressortait pas sans en emmener une. Ce genre *d'off-meat* lui coûtait plus de vingt centimes la tasse.

Marie, qui avait pressenti, la phrase de Clément Duvernois: « Sire, faites grand », dit un jour à T.... : « Il faut faire grand ». T.... y consentit. Alors elle servit avec le bouillon des sandwichs au jambon d'York et au foie gras. Naturellement, les camarades ne payaient pas, on buvait une trentaine de bouteilles de bordeaux, de malaga, de madère ou de champagne par jour et l'on mangeait plus de cent cinquante sandwichs!

A ce train-là, *l'off-meat* ne pouvait tenir longtemps et six semaines plus tard la boutique fermait, mais Marie était fière d'avoir été établie et jusqu'à la fin de ses jours elle disait à tous propos :

— Fallait me voir dans mon comptoir, au boulevard Haussmann !

Elle recommença son existence folle, sa vie de cascadeuse. Le comte de L.... la conduisit en Italie. Naturellement, à peine arrivée à Turin, le comte de F. .. lui fit la cour, mais pour le moment et par exception, cela ce passa platoniquement.

A Naples, ils furent, Marie et le comte, admirablement reçus par Joseph Achard, français, dont la famille est fixée dans le royaume italien depuis Murat.

Ah! les belles promenades sur le golfe, au Pausilippe, à Castellamare, à Pompeï, dans toutes les villes remarquables ; partout où ils passèrent, le comte L.... fut ce qu'il devait être : cocufié audacieusement. Il ne le sut qu'à son retour à Paris, par une circonstance bizarre.

En arrivant à Paris, après plusieurs mois de séjour en Italie, on défit les malles. Pendant le déballage, une lettre tomba sur le tapis ; le comte s'empressa de la ramasser, il la lut et reconnut l'écriture de son ami Achard.

La lettre était très explicite, elle ne pouvait laisser au comte aucune illusion. Furieux, il écrivit à Achard une lettre, lui reprochant sa *trahison*; le mot était gros pour une pareille femme, mais son excuse était dans ses vingt ans.

Achard lui télégraphia qu'il prenait le bateau et qu'il venait se mettre à ses ordres.

Ils se battirent en duel à Fontainebleau. Achard en fut quitte pour un coup d'épée dans le bras.

Ils se réconcilièrent sur le terrain. Combattants et témoins s'installèrent à l'hôtel de l'*Aigle Noir*, ils télégraphièrent aux petites amies qui s'empressèrent d'accourir, et ce fut pendant huit jours une fête fantastique que le compagnon de saint Antoine aurait pu présider. Marie naturellement n'en était pas.

Sachant Marie libre, le comte de F.... — j'avais oublié de dire que c'était un des plus riches banquiers de Turin — s'empressa d'accourir à Paris. Il l'installa dans un magnifique appartement de la rue Saint-Honoré, et pour cadeau de noces offrit à Marie une superbe paire de chevaux pie dont elle avait envie; ces chevaux sortaient des écuries de la comtesse Walewska.

Pendant trois mois, chose invraisemblable, la conduite de Marie fut absolument irréprochable.

Un beau jour le comte de F.... fut invité à une partie de chasse, chez le correspondant de sa maison, M. Hottinguer; il fallait partir le soir même pour le château d'Everly. Marie le conduisit à la gare et le mit dans le train en pleurant et en protestant de sa fidélité.

Arrivé à Longueville, le comte de F.... ne trouva pas de voiture pour le conduire au château. Passer la nuit seul dans une chambre d'hôtel quand on a une jeune et jolie femme rue Blanche, c'était dur; on lui dit qu'une heure plus tard passerait un train express pour Paris. Le comte le prit.

Descendant de la gare, il se fit en hâte conduire rue Blanche; ayant sa clef, il entra sans éveiller les domestiques, il courut droit à la chambre à coucher et.... trouva Marie couchée avec Cochinat.

Tableau !

Le comte fit une scène épouvantable. Marie, pour se disculper, lui dit ceci :

— Je m'ennuyais seule, je suis allée aux Folies-Bergères ; j'ai rencontré Cochinat. Comme j'avais entendu dire qu'au moment psychologique, un nègre devenait tout blanc, j'ai voulu m'en assurer, mais je n'aime que toi, mon petit Charles !

F.... se mit à rire. Pendant ce temps-là, Cochinat s'habillait à la hâte, puis sortit majestueusement, sans se presser, en saluant courtoisement l'importun qui venait d'empêcher Marie de se livrer à une curieuse expérience.

F.... pardonna ce soir-là, mais huit jours plus tard il repartait pour Turin.

Chose surprenante : cette irrégulière de l'amour n'est pas morte pauvre. Après avoir aimé les hommes et les femmes, elle laissa quelques rentes à ses parents, et sa maison de campagne de Saint-Ouen que T... lui avait donnée du temps où elle tenait la boutique de *l'off-meat*, au piston, son premier amour, faisant ainsi mentir le proverbe : Ce qui vient de la flûte retourne au tambour...., ou au piston !

Marie Pellegrin était une fille de tempérament. L'anecdote suivante, absolument authentique, en fournit la preuve.

Brébant, alors, était le restaurant à la mode, c'était le lieu consacré ; on ne songeait pas qu'un jour sur ses ruines s'élèverait un ignoble bouillon. Un soir, les Angevins étaient réunis, ils faisaient une noce à tout casser. C'était en plein été, les fenêtres étaient ouvertes, du boulevard on entendait les chants et les éclats de rire ; la fête battait son plein, quand vinrent à passer Alice la Provençale et Marie Pellegrin.

— Montons-nous ? dit Alice, j'ai envie de m'amuser !

— Monte, dit Marie ; si l'on danse, c'est ton affaire, restes-y.

— Et toi ?

— Moi, je t'attends, si l'on..... fais-moi signe et j'accours.

Marie Pellegrin aurait pu, à ce sujet, rééditer le mot de Messaline sortant du lupanar, où elle venait de se prostituer aux gladiateurs et répondant à sa suivante :

Et lassata viris sed non satiata recessit.

B.... P.... Hélas! plus de dix lustres se sont écoulés depuis le jour où est née une des plus jolies blondes de ce temps.

Vers sa dix-septième année, elle débutait au théâtre du Vaudeville, alors place de la Bourse, dans des pannes sans importance, le talent se faisait tirer l'oreille, il était rebelle; il ne venait pas, il semblait même ne devoir jamais venir.

Si on ne pouvait préjuger en rien de ce que l'avenir réservait à l'artiste, pour le plaisir des yeux, on assistait à l'épanouissement de la femme.

Je ne saurais dire si le sentiment de la vertu était solidement enraciné au cœur de Blanche, si elle était une farouche ; mais pour préserver de tout accident son..... capital, comme l'a appelé depuis Alexandre Dumas, un argus aux cent yeux veillait nuit et jour dessus, avec une constance héroïque.

Cet argus, sentinelle vigilante, était sa mère qui ne voulait pas qu'un objet si précieux disparût sans qu'il assurât sérieusement l'avenir.

La brave femme savait par expérience qu'une fois l'oiseau envolé, aucun charmeur, si puissant qu'il fût, ne pourrait le faire rentrer en cage.

Blanche, adorable et appétissante fille, était entourée de soupirants plus audacieux les uns que les autres. Au nombre de ses adorateurs, se trouvait un médecin, jeune alors, le docteur D..., lequel devint célèbre depuis par un procès retentisant avec la famille d'un jeune duc qui faisait cas des rousses; il y avait aussi Solar, le fameux fondateur des caisses d'Escompte, autant connu par son faste que par ses malheurs judiciaires.

Le docteur était le préféré, mais il n'était pas riche.

Un jour, Solar dit à la mère :

— J'ai bien réfléchi, je suis décidé, je vous offre deux cent mille francs pour cueillir la rose, mais j'y mets une condition, vous comprenez que le chiffre est assez élevé pour que je prenne mes précautions.

— Laquelle ?

— Je veux qu'un médecin examine le jeune sujet, et qu'il certifie officiellement qu'il ne manque pas une pétale à la rose.

— Rien de plus facile, dit la mère.

Le soir, elle fit part à Blanche des propositions de Solar et de ce qu'il exigeait.

— Comment, dit Blanche, il veut mon... capital breveté et avec la garantie de la faculté, c'est un peu fort.

— C'est vrai, répondit la mère, mais songe donc que deux cent mille balles, ça ne se trouve pas dans le pas d'un cheval, et puis, autant en tirer parti, car un jour ou l'autre, tu le perdras pour rien.

Blanche qui était pratique, comprit la justesse du raisonnement de sa mère.

Elle consentit à passer l'examen, mais à la condition que ce serait le docteur D... qui le lui ferait subir.

— Pourquoi D... ? dit la mère sur ses gardes.

— Parce que je le connais depuis que j'étais gamine ; avec lui cela me sera moins pénible qu'avec tout autre.

Au jour indiqué Blanche se rendit avec sa mère chez le docteur D...

La mère attendit au salon, et Blanche entra dans le cabinet du docteur.

Une grande demi-heure se passa. La mère, inquiète, arpentait le salon, elle écoutait à la porte du cabinet, essayant de surprendre un bruit quelconque et trouvant l'examen bien long.

Enfin Blanche reparut, les joues colorées d'une charmante rougeur que l'on pouvait mettre sur le compte de l'émotion ; le docteur qui la reconduisait était non moins rouge et semblait radieux. Elle tenait à la main une petite bouteille sur laquelle était collée une étiquette pourpre portant ces mots : usage externe.

— Qu'est-ce que c'est que ça ? dit la mère au docteur !

— C'est une injection d'alun, avec quelques gouttes de teinture de benjoin, répondit-il, c'est pour calmer l'inflammation résultant de l'examen qui a été des plus consciencieux !

Le lendemain soir, Blanche coucha avec Solar ; il put croire qu'il avait décroché la timbale ; l'oiseau semblait être dans sa cage, en tous cas, la porte était soigneusement refermée !

L'histoire fut connue quelque temps plus tard. On comprend qu'elle ne fit pas tort à la réputation de la demoiselle, au contraire, elle devint à la mode ; les membres des grands clubs assiégeaient ses escaliers ; les billets doux, les bouquets, les bijoux pleuvaient dru comme grêle, lorsque survint l'histoire du *Cotillon*, trois jours de bataille rangée.

Les journaux annoncèrent la première représentation du *Cotillon*, en 1865, je crois. Depuis que la pièce était en répétition, Blanche était dans une rage inexprimable ; dans une des scènes de la pièce, elle devait danser seule quelques mesures de valse, et elle ne voulait pas entendre parler de cela. Elle mit en jeu toutes les influences dont elle disposait, son salon ne désemplissait pas, on y tenait conseil en permanence ; le comité des *mirlitons* siégeait jour et nuit, mais les choses n'étaient guère plus avancées ; toutes les démarches imaginables avaient été faites le directeur obstiné tenait ferme :

— J'ai un succès certain en perspective, disait-il, et Blanche est une ingrate, car elle y aura un double succès de femme et d'artiste.

Blanche persistait à ne pas vouloir danser seule en scène. Pourquoi pas me faire danser sur la corde, disait-elle, et le chœur de ses admirateurs de répéter à l'unisson : C'est indigne, ma chère, affreux, épouvantable, *indécent !*

Enfin, comme les mots ne prouvent rien, les amis de Blanche résolurent d'empêcher la représentation de la pièce par la force.

Le soir de la première, les fauteuils, les loges, les stalles, l'orchestre étaient bondés ; il y avait même des ducs au parterre ; la diplomatie, l'armée, la marine, la finance y étaient brillamment représentées.

Parmi les spectateurs, on remarquait : le comte de Bardi, l'oncle du roi de Naples, Wilson, Errazu, Caderousse, la tribu des Fitz-James, les Vogué, de Merlemont, Demidoff, Haritoff, Magnan, d'Estourmel, Hottinguer, le prince de Sagan, les Seillères, chacun d'eux commandait un groupe.

Comme bien on pense, la salle était houleuse. Enfin le rideau se leva, les premières scènes passèrent sans encombre, mais arriva le fameux moment, l'orchestre attaqua la valse d'*Il Baccio* et Blanche s'avança au milieu de la scène pour exécuter le pas si redouté.

Tout l'orchestre se leva comme un seul

homme, les uns tirèrent d'énormes sifflets à roulettes de leurs poches et sifflèrent comme plusieurs locomotives, les autres crièrent : Vive P.... à bas la pièce. Tout à coup, un petit banc tomba du balcon, l'orchestre se crut attaqué, les spectateurs brisèrent les fauteuils et ripostèrent en faisant armes et munitions de tout ce qui leur tombait sous la main.

Les sergents de ville, les municipaux, ayant à leur tête le commissaire de police de service, tentèrent de faire évacuer la salle, mais ils ne purent y parvenir, la bataille continuait plus acharnée.

Le comte de Bardi, véritable colosse, était au milieu de la mêlée ; on tenta d'arracher d'Estourmel de son banc, mais il s'y cramponna si fortement avec ses jambes qu'on en emporta la moitié avec lui.

Enfin, la toile fut baissée, la police arrêta une dizaine de meneurs, qui furent relachés presque immédiatement.

Ce tapage infernal dura trois soirées.

Le quatrième jour, la pièce fut retirée *par ordre*; les clubmens avaient gain de cause.

L'épilogue eut lieu à la huitième chambre correctionnelle. Les considérants du jugement sont un chef-d'œuvre :

« En ce qui concerne M. le duc de Gramont Caderousse, attendu qu'il vient de dire lui-même que la pièce était des plus mauvaises, que par conséquent il n'avait pas besoin d'y retourner le lendemain, et à plus forte raison le surlendemain, qu'il y allait donc pour faire du scandale, le condamne à 16 francs d'amende et à 1,000 francs de dommages-intérêts envers le directeur du théâtre qui se porte partie civile.

Après ces mémorables journées, Blanche P.... était plus à la mode que jamais.

IV

Hortense la blonde. — Enlevée par un rat de cave. — Un mariage à la vapeur. — Me voilà madame. — Des armes parlantes. — C'est une catacombe. — Maîtresse du duc de M.... — Un portefeuille indiscret. — Une gifle et le coup d'Etat du deux décembre. — Cora Boyard. — La main chaude et la main froide. — Henriette l'auvergnate. — L'amie des artistes. — Berthe France. — Gavroche femelle. — Peau de satin. — Un conseiller municipal généreux. — Une belle cuite. — Un manteau royal. — Madame de Metternich. — La corruption impériale.

Hortense la Blonde. En 1887, à neuf heures du matin, le corbillard des pauvres s'arrêtait à la porte de l'amphithéâtre de l'hôpital de la Charité ; un vieillard et une vieille femme reconnurent le cadavre qui était couché dans une bière de sapin reposant sur deux trétaux ; aussitôt, un croque-mort fit glisser dans ses rainures le couvercle du cercueil, et quelques minutes plus tard la bière était *chargée* sur le corbillard ; il se mit en route par l'interminable avenue de

Choisy, et une heure plus tard, la morte reposait dans la fosse commune; au cimetière d'Ivry.

Pas une fleur, pas une couronne; une croix d'occasion, en bois noir, marquait seule la place où allait pourrir celle qui avait été connue dans le monde galant sous le nom d'*Hortense la blonde.*

Vers 1850, c'était une femme à la mode, une viveuse émérite. Elle possédait un charmant hôtel rue de Provence, et ses équipages ainsi que ses chevaux faisaient l'admiration des connaisseurs; elle était renommée pour son esprit à l'emporte-pièce; pour ses pareilles, elle était d'une férocité sans égale.

Ce n'était point une fausse blonde, elle l'était comme les blés de Musset; elle était coquette à rendre des points à toutes les Aspasies et à toutes les Laïs des temps passés, présents et futurs.

Ses débuts n'avaient point été banals.

Fille d'un riche meunier d'Etampes, elle fit un jour à l'*assemblée* (fête d'un village voisin) la connaissance d'un commis de la régie. Comme bien on pense, le *rat de cave* lui fit une cour assidue; c'était pour lui une triple aubaine, elle était jeune, belle et riche.

La demander en mariage au père, il n'y fallait

pas songer. Elle eut alors une idée originale :

— Enlevez-moi, lui dit-elle.

Le lendemain, elle avait fait ses préparatifs de départ. Ils se rendirent isolément à la gare d'Etampes et prirent chacun un billet pour l'express de Bordeaux.

L'express arriva en gare. Comme il n'y stationne qu'une minute ou deux, ils durent sauter dans le premier wagon venu.

C'était un wagon de première classe.

Dans un coin, était installée une vieille dame qui lisait la *Gazette de France*.

Aussitôt le train en marche, le jeune homme la salua poliment, et lui tint ce langage :

— Madame, j'enlève mademoiselle; il est certain que ses parents vont s'apercevoir de sa fuite et qu'ils vont télégraphier au commissaire de police d'Orléans; nous allons être infailliblement arrêtés. Comme nous voulons nous marier, je vais l'épouser ici, vous me comprenez, madame, vous serez assez aimable, arrivée à Orléans, d'en témoigner devant le commissaire et de lui dire que le mariage est consommé.

— Mais c'est une infamie, monsieur, comment, là, devant moi, sans respect pour mes cheveux blancs !

— Oh ! madame, ils ne rougiront pas, d'ailleurs

vous pourrez regarder par la portière, ce sera un véritable mariage à la vapeur.

La dame se retourna dans son coin, se fit de son journal un éventail et ne souffla mot. . .

. . . .

N'entendant plus rien, elle se hasarda à regarder. Hortense qui, en un tour de main, rajustait sa toilette et remettait les coussins en place, la remercia, et lui dit audacieusement :

— Me voilà, madame, décidément ce n'est pas difficile.

Arrivés à Orléans, comme ils l'avaient prévu, le commissaire de police, ceint de son écharpe, les attendait sur le quai. Il les fit descendre.

— Je veux bien, dit le jeune homme, mais auparavant, demandez à madame, notre compagne de voyage, ce qui s'est passé ?

La dame raconta la scène et termina en disant : Mademoiselle n'a plus rien à perdre.

On les garda jusqu'à l'arrivée du père à qui le commissaire raconta à son tour les confidences qui lui avaient été faites. Le père, furieux, emmena sa fille, et flanqua son pied au derrière du pauvre commis.

Rentrée au foyer paternel, elle n'eut plus qu'une pensée : filer à Paris, ce qu'elle fit sans se soucier du commis.

Après des hauts et des bas, elle fit, dans un restaurant de nuit, la connaissance d'un jeune comte qui se ruina pour elle, et se brûla la cervelle ensuite.

Dix fois, on se battit en duel pour elle, à Londres, à Vienne, à Saint-Pétersbourg, partout.

Un autre imbécile se suicida pour elle.

— Si Hortense se forgeait un blason, disait la belle et méchante Sylven, elle pourrait prendre : de gueules à la brochette de cœurs saignants au naturel, avec un franc-quartier chargé d'un sautoir d'os de mort, et un chef d'azur semé de besants d'or ; ce serait à coup sûr des armes très parlantes.

— Ce n'est pas une femme, répondit Jeanne la vipère.

— Qu'est-ce donc alors ?

— C'est une *catacombe !*

Ses aventures la rendirent promptement célèbre. Elle devint la maîtresse de M. de M... ; ce dernier, qui l'adorait, faisait pour elle toutes les folies imaginables et inimaginables et par dessus tout des dettes, car alors il ne songeait pas qu'un jour il serait vice-empereur.

Comme c'était une femme à outrance, elle avait, en même temps que le duc, pris pour amant de cœur un jeune avocat, secrétaire d'un député de l'opposition.

Malgré que M. de M.... fût jeune et élégant, spirituel, elle le subissait comme ses pareilles subissent celui qui paye, elle disait cyniquement :

— Je ne lui ai pas juré fidélité, il satisfait ma gueule, mais le reste ?...

Le reste, c'était la part de Jules. Aussi, chaque fois qu'elle en avait l'occasion, elle s'en payait à cœur joie, discrètement toutefois, car elle voulait bien tromper le duc, mais pas le perdre.

Une nuit, le duc de M.... oublia son portefeuille dans la chambre à coucher d'Hortense. Quand, le lendemain, sa femme de chambre le lui remit, son premier soin fut de l'ouvrir et de lire les papiers qu'il contenait.

Parmi ces papiers, il y avait une longue lettre de Napoléon III donnant à M. de M.... ses dernières instructions pour le coup d'Etat du 2 décembre qui devait s'accomplir le lendemain.

Hortense, qui était d'une intelligence rare, comprit immédiatement l'importance de sa découverte. Aussitôt elle songea à son Jules, le jeune avocat : s'il allait lui arriver malheur ?

Sans perdre une seconde, elle fit appeler son amant, et lui donna rendez-vous au *cabaret du pied de mouton*, un cabaret de la rue de Vauvillers, qui était alors une rue perdue au milieu de rues inextricables, car les halles centrales n'existaient pas encore.

Elle arriva au rendez-vous, en retard d'une demi-heure. Jules l'attendait impatiemment. Furieux, il lui reprocha grossièrement de l'avoir fait poser.

— Sans doute que ton duc, lui dit-il, est venu te servir de femme de chambre, il t'a essayé des jarretières neuves ?

Hortense, qui n'était pas patiente et avait la langue bien pendue, répondit durement :

— Dans tous les cas, c'est lui qui les paye, car avec toi si je me plaisais dans la misère, tu me ferais un sort heureux.

Emporté par un accès de colère, sous cette insulte, il flanqua à Hortense une giffle formidable.

Elle la lui rendit et une bataille s'engagea ; sans réparer le désordre de sa toilette, elle descendit rapidement l'escalier, sauta dans un fiacre qui passait à vide et se fit conduire chez M. de M.....

Ce dernier, qui ne s'était pas aperçu de la disparition de son portefeuille, se disposait à sortir. Il fut fort étonné de la venue d'Hortense, et il le fut encore davantage quand, sans mot dire, elle lui rendit le fameux portefeuille.

Il le prit, l'ouvrit, s'assura qu'il ne manquait aucuns papiers, puis il enferma tranquillement sa maîtresse, et courut chez son frère adultérin, sans toutefois lui raconter l'aventure.

Il ne rendit la liberté à Hortense que lorsque le dernier acte du coup d'Etat fut joué.

Si les petits effets produisent de grandes causes, les grandes causes peuvent en revanche avorter par des petits effets ; sans la malencontreuse giffle, peut-être n'aurions nous pas eu le coup d'Etat !

Une autre maîtresse du duc de M...., *Cora Boyard*, qui fut aussi célèbre que la belle Hortense, tomba encore plus bas que cette dernière. De dégringolade en dégringolade, elle arriva au dernier échelon de l'échelle sociale ; elle avait établi son quartier général dans un affreux bouge des environs de la rue Grange aux belles ; elle racolait les ouvriers attardés.

Abrutie par la boisson, la misère, elle était horrible à voir et surtout à entendre. Elle était vêtue de haillons sordides, sans bas, chaussée de savates ramassées sur les tas d'ordures; pour soutenir son estomac volumineux, ses tripes, comme disaient les gens du quartier, elle se servait d'une corde en guise de corset; elle opérait généralement la nuit aux bords du canal Saint-Martin. On l'avait surnommée : *la main froide et la main chaude.*

Ce sobriquet demande une explication discrète.

En hiver, elle portait constamment un *gueux* en terre cuite, bourré de poussière de charbon ; cela lui servait de chaufferette, la main qui le portait était à une douce température, la température d'une serre où fleurissent les orangers ; l'autre main exposée à l'air était glacée; la main chaude, c'était dix sous, la froide . . . . .

Dans les premiers jours de 1888, elle parvint à séduire un maçon. Il faisait un froid de loup. On comprend que la perspective de la main chaude devait être un puissant moyen de séduction. Elle entraîna l'ouvrier dans son galetas, et lui enleva prestement son porte-monnaie, contenant une assez forte somme, puis elle le remit dans sa poche après l'avoir vidé. Quand l'ouvrier voulut payer les dix sous convenus, plus le sou, il la fit arrêter, puis conduire au dépôt.

J'ignore ce qu'elle est devenue.

Henriette Rigaut, surnommée *Henriette l'auvergnate*, mourut en 1887, dans une misère horrible. Celle-là aussi avait été adulée, encensée, riche;

elle avait été élégante et jolie. Contrairement à ses pareilles, elle était gracieuse, intelligente, spirituelle et justifiait amplement le vieux proverbe : Putain, mais bon cœur; aussi gaspilla-t-elle tout ce qu'elle possédait.

Avec les riches, jamais elle ne sut compter.

Elle passa sa vie dans les cafés artistiques, couchant un jour avec un peintre, un autre avec un journaliste; elle délaissait les millionnaires pour s'attacher aux décavés. Quand elle recevait cent francs d'un homme *sérieux*, elle s'empressait de les prêter à un *ami* dans la *dèche*.

Lorsque la maladie survint, la débâcle ne fut point longue; elle mourut sans un serrement de main et sans une parole de consolation pour faire le grand voyage.

Un type des plus étranges, échoué dans une maison de tolérance de la rue Sainte-Apolline, c'est *Berthe France*. Petite, mince, noire comme une taupe, velue comme un singe, le nez retroussé à ce point que les jours de pluie il doit lui pleuvoir dans les narines, d'un esprit infernal, ayant de la lecture, c'est le type le plus parfait du gavroche inconscient, gouailleur et cruel; elle est bien connue dans les restaurants de nuit du boulevard et dans les brasseries à femmes.

Un jour, devant elle, on parlait de la fille

d'une marchande de journaux du boulevard des Italiens, qui avait jeté son bonnet par dessus son kiosque et était connue dans le monde galant sous le charmant sobriquet de *peau de satin*.

— C'est épatant, disait une amie, quand elle vendait des journaux, elle était dans une misère noire, comment a-t-elle pu faire pour être si bien calée en si peu de temps ?

— Ça te la coupe, répondit Berthe, c'est pas difficile : elle s'est retournée !

Berthe a une toquade, celle de ressembler à madame de Metternich. Il arriva à ce sujet, à un de mes amis, une aventure des plus cocasses.

Vers 1877, Berthe, qui était alors la maîtresse en titre d'un conseiller municipal, arriva un soir à la *Brasserie moderne*. Vers cinq heures, elle rencontra l'ami en question que j'appellerai B..., afin de ne pas lui être désagréable ; il est député influent.

— Nous allons prendre l'absinthe, lui dit elle, c'est moi qui paye.

— Comment, tu payes, dit B..., tu as donc fait fortune ?

— Non ! mais mon conseiller municipal m'a donné un billet de mille.

Ce disant, Berthe sortit de sa poche un beau billet tout neuf.

Ils prirent une absinthe, B... en offrit une seconde ; bref à la quatrième, B... voulut s'en aller, d'autant plus qu'elle était légèrement éméchée.

— Attends-moi là, dit Berthe, je te ménage une surprise.

B... consentit à attendre.

Berthe sortit, hêla une voiture découverte qui passait et donna ordre au cocher de la conduire chez un grand couturier. Une fois arrivée, elle demanda un manteau.

— Mais nous ne faisons que sur commande, lui dit le premier commis.

— Ah ! vous aurez bien quelque chose de tout fait pour moi, dit Berthe, je ne suis pas difficile.

Elle fit quelques tours dans le salon et avisa un superbe manteau, une sortie de bal en cachemire blanc tout soutaché de galons d'or et brodé en bordures de fleurs roses.

— Voilà mon affaire, dit-elle au commis.

Justement, c'était un laissé pour compte.

Il lui essaya le manteau. Comme elle était très petite, il était au moins de dix centimètres trop long.

— Il est trop long, mademoiselle, lui dit le commis, il faudra le retoucher.

— Ça m'est égal, je l'emporte tout de même.

Elle paya à la caisse ce que lui demanda le commis ahuri des allures de sa cliente, puis s'en alla.

Dans l'escalier, elle revêtit le fameux manteau, puis se mira dans une grande glace ; elle se trouva superbe, mais son chapeau jurait. Elle le retira, le jeta dans un coin, puis descendit nu-tête, en tenant les pans de son manteau dans chaque main ; elle se fit conduire chez une modiste à la mode, et acheta un chapeau mordoré, large comme une ombrelle, orné d'une immense plume rouge qui en faisait le tour.

Dans cet équipage, elle se fit ramener à la brasserie, où elle retrouva B... absolument *complet* ; il avait encore bu deux absinthes ; malgré cela, il partit d'un éclat de rire formidable en voyant l'accoutrement de Berthe.

— Je t'ai promis une surprise, viens-t'en avec moi, lui dit-elle.

— Où çà ?

— Chez mon père !

— Mais tu es folle ?

— Non, viens, ce sont de braves gens.

Ils sortirent. A la porte la victoria attendait. Elle se fit conduire rue Maubeuge, chez le grand rôtisseur qui se trouve à gauche ; elle descendit et entra dans la boutique. Comme on était en été, le rôtisseur était bien achalandé ; elle choisit un énorme poulet, des fraises, un melon, une romaine, et se fit mettre le tout dans un sac aussi grand qu'elle. Pendant qu'elle tournait dans la boutique, relevant toujours son manteau pour ne pas tomber, B... était descendu à son tour et causait avec le cocher. Ce dernier, curieux, suivait des yeux le manège de Berthe.

— C'est sans doute une grande dame, dit-il à B..., cela se voit à sa toilette.

— Oui, répondit B..., c'est madame de Metternich.

Des passants, entendant prononcer ce nom, s'arrêtèrent et regardèrent dans la boutique ; d'autres passants s'arrêtèrent également pour voir ce que les autres regardaient ; bref, en un clin d'œil, il y eut un rassemblement de plus de cent personnes. Les sergents de ville, voyant cette foule, accoururent et demandèrent ce qu'il y avait ; le cocher, fier de conduire une grande dame, répondit : C'est la princesse de Metternich. Juste à ce moment, Berthe se disposait à sortir de la boutique, précédée du rôtisseur ; les agents firent ranger les badauds qui formèrent ainsi la haie, et Berthe monta majestueusement en voiture.

B..., qui se tenait vers le marchepied, le chapeau à la main, dans une attitude respectueuse, lui demanda où elle voulait aller.

— Rue des Partants, 145, répondit-elle, à côté du *petit bonhomme qui chie.*

Le cocher fouetta son haridelle qui partit au galop, et les sergents de ville firent circuler la foule.

— Hein, disaient les badauds, ces grandes dames de l'Empire, quelles crapules, voilà bien la corruption impériale !

V

Giulia Barucci. — Un mari complaisant. — Un souvenir de jeunesse. — Une singulière fantaisie. — Un lieutenant de Cent gardes habillé avec ses bottes. — Payer sans compter. — Une soirée chez la Barucci. – Calzado et Garcia. — Un vol raconté par Clément Laurier. — La vraie histoire. — La carte révélatrice. — Une juste punition.

Giusti, autrement dit *Giulia Barucci*, était vraiment le type ou même le prototype de la fille.

Elle le disait d'ailleurs à tout propos, et sa plus grande joie était de dire avec son fort accent italien : *Je souis oune poutain*, mais *je souis la plus belle poutain du monde entier*.

C'était exact. Elle était belle, grande, élancée quoique un peu replète ; son corps marmoréen était surmonté d'une tête relativement petite, couverte d'une splendide chevelure, sous les frisons de laquelle deux grands yeux qui flambaient constamment, faisaient parcourir des frissons étranges sous les épidermes et dans les veines des plus froids et des plus blasés.

Aussitôt qu'elle approchait un homme, qu'il fût jeune ou vieux, naïf ou roué, celui-ci sentait instinctivement qu'il avait devant lui la femme, la femelle, ardente, insatiable, prête à toutes les amours sans cesse renouvelées, et à satisfaire les plus avides et les plus robustes.

Si elle tombait sur un passionné, il était perdu.

Paccard en est mort.

Le comte Posjenski en est mort.

Gramont Caderousse s'en alla mourir en Egypte, reculant ainsi de quelques mois un dénouement fatal.

Elle n'était fière que de la beauté de son corps qu'elle aimait voir étendu sur son grand lit, couvert de draps de satin noirs.

Elle n'aimait que trois choses sur terre : le mâle, la table, le jeu.

Quoique ses toilettes fussent somptueuses, elle ne passait jamais plus d'un quart d'heure à essayer une robe.

A une époque où Madame Musard, Cora, Crénisse, Caroline Hasse, Caroline Letessier, Skidel, Anna Deslions, Schneider, Lucie Mangin, Soubise, pour ne citer que celles-là, se faisaient conduire au bois dans des huit-ressorts, trainés par des paires de chevaux, variant comme valeur de quinze à vingt mille francs, ses équipages étaient relativement modestes.

Elle se souciait peu du cadre, sachant que, semblable à Déjanire, elle n'avait qu'à ouvrir sa tunique pour que tous soient pris de la folle envie de monter sur son bucher.

Giulia Barucci était mariée ; nul ne s'en doutait, quoique plus tard on écrivît que son mari était un ténor italien, ce qui n'était pas exact ; l'anecdote suivante en fait foi :

Un matin, M. Haritoff, qui était l'homme du jour, mais qui ne l'avait pas été de la nuit — il y avait eu brouille entre les amants — s'en vint sonner à la porte de la Barucci.

Anita, la femme de chambre, lui ouvrit, mais lui répondit :

— Monsieur, Madame a dit que si l'on venait la voir, elle était sortie avec Monsieur pour toute la journée.

— Monsieur ! dit Haritoff, quel monsieur ?

— Je l'ignore, ajouta la camériste, mais si monsieur veut bien prendre la peine de revenir ce soir, sans doute que madame le lui dira.

A cinq heures, Haritoff, accompagné de son inséparable L.... M.... qui, quelques mois plus tard, devait devenir son beau-frère, se représenta chez Giulia.

Elle était gravement assise au coin du feu.

En face d'elle, un homme, dont le costume de velours rapé et les gros souliers ferrés contrastaient singulièrement avec le luxe du salon, était adossé à la cheminée, fumant un infect cigare d'un sou qui empestait toute la pièce.

— Messieurs, dit Giulia, je vous présente mon mari, Il Signor Jacopo Barucci.

On voit d'ici la stupéfaction du visiteur.

— Comment, Giulia, dirent-ils en chœur, vous êtes mariée, mais c'est impossible, c'est invraisemblable !

— Rien n'est plus vrai, répondit-elle, je suis mariée, tout ce qu'il y a de plus mariée ; Jacopo est un ruffian, il m'a beaucoup battue et il y a quinze ans que nous ne sommes plus ensemble ; je vais le faire dîner à la cuisine et à huit heures, Anita le reconduira à la gare de Lyon.

Mais ce qu'elle ne dit pas à Haritoff, elle le raconta à Soubise :

— Ma cère Sou-sou, en le voyant, j'ai été fachée, mais ze touzours fais l'amour avec loui et z'en été sarmé, ça ma rajounie de quinze ans.

Le beau D..., lieutenant des Cents-gardes, avait une passion terrible pour Giulia. Il la suivait, la poursuivait sans cesse, l'assiégeait en un mot ; on ne sait pourquoi elle lui tenait rigueur.

Sans doute par caprice de femme, car D... était vraiment superbe, c'était un homme magnifique et elle avait horreur de coucher seule!

Un beau jour, elle lui dit:

— Ecoute, mon petit D..., tou n'es pas riche, à peine vingt mille francs de rente et tou couches avec toutes les dames de la cour qui ont aussi horreur du vide que moi. Eh! bien pouisse que tout veux coucher avec moi je veux te voir tout nou, à cheval dans les Champs-Elysées, et je serai ta petite femme pendant quinze zours sans te faire les cornes et cela ne te coûtera pas un sou.

— Je veux bien, répondit D... Je demande seulement à garder mes bottes.

— Soit, ajouta Giulia, mais comment vas-tu faire, mon mignon?

— Ça me regarde, fit le beau lieutenant, mais comme je tiens à avoir des témoins, donne-nous ce soir à souper, on fera une petite partie. Je m'en irai vers cinq heures, et à six heures très précises, tu te mettras à la fenêtre et tu me verras dans le costume indiqué.

D... était de semaine et il présidait à la promenade des chevaux.

Le lendemain, à six heures — heureusement on était en été — au mois de juillet, on vit le peloton des cent-gardes qui montait l'avenue des Champs-Elysées. .

Devant le numéro 110, D... commanda : Peloton, halte ! Front ! puis s'avança devant ses hommes ; il regarda à droite et à gauche si personne ne le voyait, salua Giulia qui était à la fenêtre, en même temps d'un geste brusque, il entr'ouvrit son manteau sous lequel, sauf ses bottes, il était nu comme un ver.

Il referma son manteau, donna son cheval à son ordonnance, remit le commandement du peloton au maréchal des logis-chef et monta rapidement chez Giulia.

Elle convint sans discuter que, malgré son manteau, il avait tenu sa promesse.

Elle paya sur l'heure sans compter.

On était gai en ce temps-là. Elle était joueuse, je l'ai dit, et ce fut chez elle qu'eurent lieu les plus grosses parties de l'époque.

Messieurs de Gramont Caderousse, Radgenski, Calzado, Demidoff, Joubert, Wilson, Angel de Miranda, Garcia etc., etc., s'y donnaient rendez-vous presque chaque soir, et avant comme après le souper, les coups de 1000, 2000 et 5000 louis marchaient ferme. Ces messieurs étaient dégoûtés du modeste *maximum* de 12000 de Baden-Baden.

Clément Laurier publia, il y a quelques années sous ce titre : *Une soirée chez la Barucci*, l'aventure suivante :

Le 4 février 1863, la Barucci pendait la crémaillère dans un hôtel de l'avenue des Champs-Elysées. Dans cette soirée, à côté d'invités très choisis, s'étaient glissés deux joueurs de profession, Calzado et Garcia, qui, en quelques heures, décavèrent M. Angel de Miranda de plus de cent mille francs. C'est Garcia qui tenait les cartes. Calzado fournissait l'argent, jouait dans le jeu de Garcia et partageait les bénéfices.

Il faut lire dans la plaidoirie de Laurier, qui soutenait la demande en restitution formulée par M. Angel de Miranda, la façon dont cette filouterie fut découverte et la scène indescriptible qui s'en suivit. Il y avait, je l'ai dit, des gens du meilleur monde : M. le prince Demidoff, M. le marquis de Vivens, M. de Brimont, M. le baron de Noblet, M. le comte de Fontette, M. le comte Gaston de Poix, M. de Gramont. C'est M. de Poix qui s'aperçut que Garcia, dont la main semblait enchantée, tant il gagnait, avait introduit parmi les cartes de la maison des cartes étrangères. On somme Garcia de rendre l'argent volé. Il refuse. On le tâte, on le fouille, et partout, dans ses manches, dans son gilet, dans ses

14*

poches, on trouve des paquets de cartes préparées. Il en était truffé.

« Insulté, pourchassé, meurtri, Garcia refuse de rendre les 120,000 francs qu'il vient d'escroquer. La scène se prolonge et M. de Gramont finit par menacer d'envoyer chercher la police. Calzado, qui, jusque-là s'était tenu à l'écart, conseille à Garcia de restituer ce qu'il a pris ; Garcia donne 50,000 francs, disant que c'est tout ce qu'il a sur lui. « On va fouiller tout le monde », dit M. de Gramont. Alors Garcia de chercher à fuir ; on le poursuit dans l'appartement, où il va devant lui comme un fou, la tête perdue, jetant, semant des billets de banque. Il revient dans le grand salon ; on l'entoure, on le cerne, il faut qu'il rende gorge jusqu'au bout, et, quand c'est fini, on s'aperçoit qu'il manque encore des billets de banque à l'appel.

« Pendant qu'on donnait la chasse à Garcia, Calzado était sommé de se laisser fouiller. Il s'y refuse au nom de sa dignité offensée. — « Comment, on me fouille, moi, marquis de Vivens, dit un des convives, et on ne fouillerait pas M. Calzado. C'est trop fort. »

Le moment est venu de s'exécuter ou d'être exécuté. Calzado tend son portefeuille. — « Tenez, dit-il, il y a là 14,000 fr. en billets de banque. C'est ce que j'ai apporté. » Et, tandis qu'il remet le portefeuille, on aperçoit, tombant de son pantalon, une liasse de seize billets de mille francs, qui est immédiatement ramassée. — « Mais, dit Mme Barucci à Calzado, ces billets sont encore à vous. » — « Non, dit Calzado, cet argent ne m'appartient pas », tant il sentait que cette découverte le perdait.

Cette scène affreuse dura de quatre à huit heures du matin. La plaidoirie de Laurier est écrite d'un style si naturel, si rapide, que l'on voit se mouvoir les personnages. Garcia fut condamné à cinq ans de prison, et Calzado, alors directeur du Théâtre-Italien, à treize mois : tous deux solidairement à 41,000 francs de dommages-intérêts.

Cette aventure n'est pas rapportée exactement. Voici comment elle se passa :

Un soir qu'une forte partie était engagée, Calzado s'était levé deux fois pour aller au water-closet ; soit que Caderousse se méfiait, soit qu'il eût quelque chose à y faire, il s'y rendit, il frappa à la porte. Calzado ne répondit pas.

Caderousse impatienté lui cria alors :

— Mais dépêchez-vous donc, on ne voit que vous là-dedans ce soir.

Calzado ouvrit, Caderousse entra et vit une carte sur le tapis.

Il ne dit rien, referma vivement la porte et ramassa la carte.

Quelques minutes plus tard, il rentrait au salon ; on mettait la banque aux enchères.

Elle fut adjugée à Calzado à 100,000 francs.

— Messieurs, dit-il, en alignant des billets de banque, le banco à cheval est-il autorisé.

A peine avait-il donné les cartes, que Gramont-Caderousse lui saisit la main et lui dit :

— Monsieur, vous êtes un voleur !

Tout le monde se leva au milieu d'un tumulte indescriptible.

— Mais, duc, vous êtes fou, lui crièrent les joueurs ; vous êtes malade, mon ami !

Mais le duc ne lâchait pas la main de Calzado.

— J'ai dit que monsieur était un voleur, dit-il, lentement en scandant ses paroles, je ne m'en dédis pas.

Puis, s'adressant à Calzado, en tirant un mignon révolver de sa poche, il ajouta :

— Vous avez fait dans les cabinets une portée. Vous avez oublié cette carte.

En même temps, il la lui tendit.

— On va vous fouiller, continua-t-il, si on ne trouve rien sur vous, si cela vous convient, vous me brûlerez la cervelle avec ce revolver, autrement, nous aviserons.

Calzado était froid, et la sueur tombait à grosses gouttes sur le tapis.

On le fouilla malgré sa résistance.

La portée était toute préparée et cachée sous sa manchette.

Il fut déshabillé, roué de coups et finalement jeté à peu près nu dans l'escalier de service.

Ce fut la dernière partie jouée chez celle qui fut Giulia Barucci !

VI

La Dame aux Camélias. — L'amour du Cabotin. — Une gantière d'autrefois. — Tous sortaient contents de chez moi. — Une passion platonique. — A qui le tour? — Une tombe mystérieuse. — Irma la savoyarde. — Je tourne la manivelle. — Un protecteur ventru. — Un boyard lâcheur. — Un anglais pudibond. — Purifiez-vous. — Amours de crottin. — Nina Bouillabaisse.— Une fantaisie de six louis.— Heureux cocher. — Faut-il éteindre le gaz! — Les voyeurs à crédit. — Méfiez-vous des cabinets particuliers.

Marie Duplessis, plus connue sous le nom de la *Dame aux Camélias*, était Nantaise. Son père tenait une boutique de confiseur, rue des Verriers 52, à Nantes, à l'enseigne du *Berger Nantais*. Marie fut élevée dans un couvent. Elle était sur le point de le quitter pour épouser un de ses cousins, lorsque son père mourut et fut déclaré en faillite. Naturellement, le cousin, qui tenait plus à la boutique qu'à sa fiancée, la lâcha carrément. Marie ne songea pas un seul instant à rentrer au couvent. Elle se retira chez une vieille tante. Elle n'y fit pas un long séjour, elle se fit enlever par le fils d'un riche armateur de Nantes. Ils parcoururent la Suisse, l'Espagne et l'Italie. Son amant mourut subitement à Naples. Pas embarrassée pour si peu, elle accepta l'hospitalité chez un peintre célèbre qui voyageait avec eux depuis six mois ; elle revint à Paris et devint le modèle de l'artiste. Malheureusement, si elle était un modèle au point de vue de la perfection du peintre, ce n'était pas un modèle de vertu ; elle abandonna son peintre pour un comédien.

Cette liaison prouve bien le cœur de la femme. Son nouvel amant n'était plus jeune, il n'était pas beau, il était brutal, et manquait complètement de talent ; malgré cela, elle resta avec lui deux ans, deux siècles !

Un jour, elle disparut. Vers 1845, elle tenait un magasin de gants et de parfumerie, passage de l'Opéra. La police d'alors n'était pas tracassière, il est vrai de dire que les *gantières* étaient moins nombreuses qu'aujourd'hui ; elles pouvaient travailler en paix. Il faut croire qu'elle avait la pointure des clients, car elle en avait une quantité, et aurait pu dire avec orgueil, comme *Alphonse du gros caillou* : « Tous sortaient contents de chez moi ».

Un soir, un grand seigneur Espagnol, ancien ministre des finances, entra chez elle ; il fut si charmé qu'il y revint. Bref, il lui fit comprendre que le métier qu'elle exerçait ne la conduisait pas à l'obtention du prix Monthyon ; il la décida à accepter un appartement rue Saint-Lazare. Le nom de la rue ne lui allait guère, mais comme l'appartement était splendidement meublé, qu'il lui donnait une voiture et deux mille francs par mois, ses hésitations ne furent pas de longue durée.

Elle s'installa.

Le financier n'était pas exigeant. En retour des cadeaux de toutes sortes dont il la comblait, il ne lui demandait que de le recevoir de trois à cinq heures, mais d'une façon toute particulière.

Il fallait qu'elle fût vêtue de blanc, d'un peignoir et d'une chemise en mousseline transparente, les cheveux dénoués et les bras nus, des bas blancs et des bottines noires.

Le maniaque arrivait à l'heure juste ; il s'assayait, il lui parlait de la pluie et du beau temps, du dernier scandale mondain, il lui faisait un cours sur la conversion de la dette Espagnole, lui embrassait les mains, puis... il s'en allait comme il était venu !

Marie quittait ses vêtements blancs et courait

chez son amant manger une partie des 33 fr. 35 de l'heure qu'elle gagnait si facilement, moins durement que dans son arrière-boutique du passage de l'Opéra.

A la suite d'une révolution, le financier espagnol fut rappelé à Madrid; mais avant de partir, il la recommanda chaleureusement à un banquier juif qui habitait Londres. Il l'emmena dans cette ville. Elle y manœuvra si bien que, quelque temps plus tard, elle revint à Paris à la tête d'une grosse fortune.

Quand Marie Duplessis mourut, sa mort fut presque un événement public. Toutes les dames de la plus haute aristocratie visitèrent son appartement, et lorsqu'on vendit son mobilier aux enchères publiques, il fut vendu plus de quatre fois sa valeur.

Elle repose au cimetière Montmartre, dans la 31e division, dans un riche sarcophage qui pendant toute l'année est surchargé de fleurs rares ; ces fleurs ne sont pas apportées chaque jour par ses anciens admirateurs, c'est une main mystérieuse, qui, d'un bout de l'année à l'autre, entretient cette tombe.

Irma la Savoyarde était un type rare chez les filles. A dix ans, ses parents la confièrent à un entrepreneur de ramonages, qui, chaque année, amenait à Paris un certain nombre de garçons qu'il lançait dans les rues, coiffés d'un bonnet de coton déchiré, barbouillés de suie, la raclette et un paquet de cordes sur le dos. Ces pauvres petits parcouraient les rues en criant : haut en bas, mais plus préoccupés de tendre la main pour avoir un « petit sou s'il vous plaît » que de chercher de l'ouvrage.

Quant aux filles, l'entrepreneur leur donnait une vielle et une marmotte ; elles jouaient tant bien que mal, plutôt mal que bien, de ces instruments agaçants, et faisaient danser la misérable marmotte en chantant les fameux refrains :

A la p'tite Javotte
Jetez quelques sous
Et sa p'tite marmotte
Va danser devant vous

La vielle ne lui réussissant pas, on lui donna un orgue de barbarie, qu'elle traînait sur un petit chariot à quatre roues.

Irma, en mourant, laissa une lettre dans laquelle elle racontait sa vie. En voici les principaux passages, ils ont déjà servi aux auteurs de *Paris-Lorette* publié il y a trente-cinq ans :

« .... Tourner la manivelle pendant douze

heures par jour, seriner quand il fait beau, seriner surtout quand il pleut, quand il neige, quand il gèle, afin d'exciter davantage la commisération du public, quel affreux métier !

« Je l'ai fait jusqu'à l'âge de quinze ans ; rien que d'y songer, je me sens encore des crampes dans les coudes.

« Un monsieur d'un certain âge et avec un gros ventre, qui me suivait tous les soirs quand je rentrais dans notre quartier assez désert, eut la patience de me répéter pendant six mois consécutifs que je n'étais point faite pour jouer de l'orgue toute ma vie ; que si je voulais l'écouter, il me ferait un sort brillant, bref, tout ce qu'on dit en pareille occasion. Tant de patience jointe à un si gros ventre me toucha. Un beau soir, je déposai mon instrument dans notre taudis, et je partis pour ne plus revenir.

« Le gros ventre me rendit heureuse : des meubles en noyer, des robes de laine, des chapeaux à quinze francs, une stalle à l'Ambigu, de la bière et des échaudés ; mais quelques mois m'avaient suffi pour apprendre qu'il faut autre chose à une femme ; j'aspirais à l'acajou, à la soie, au velours, à l'avant-scène du Vaudeville, au champagne frappé !

« Je fus d'une ingratitude révoltante envers

mon bienfaiteur, je lui fis des queues, une foule de queues ; il était sur le point de s'en apercevoir lorsqu'il fut frappé d'une attaque d'apoplexie foudroyante.

« De l'acajou, je passai au palissandre. Un prince russe me mit dans l'ébène et dans la nacre ; je nageais en plein boule, j'allais avoir des diamants lorsque mon Boyard me lâcha.

« Pour me distraire, je suivis à Londres un lord anglais, millionnaire, mais ennuyeux et bête. Il voulait, me disait-il, m'arracher à la vie déplorable que je menais à Paris. Il m'enferma dans une maison de campagne, sous prétexte de me faire oublier mon passé et de me purifier par la contemplation de la nature.

« Tous les matins, sir Williams venait me voir, et m'embrassait sur le front, et le soir, il repartait avec le même cérémonial.

« — Quand resterez-vous donc avec moi, lui demandais-je tous les jours ?

« — Lorsque vous serez *piurificated*, me répondait-il, avec son accent britannique ; contemplez encore, contemplez toujours le natour !

« Je commençais à m'ennuyer de cette contemplation, lorsqu'un jour on vint me dire qu'il fallait quitter la campagne. Williams s'était noyé, mais j'étais couchée sur son testament.

« Je me sauvai à Paris. La nature m'a faite passionnée ; aussi, à peine arrivée, je fis connaissance d'un cabotin. C'est plus fort que moi, quand je vois un homme avec du clinquant, des paillettes, un maillot de soie rose, je deviens folle. Il était jeune premier, mais en même temps, j'avais un écuyer, un sauteur de corde : je ne sais pas résister à un individu qui porte du fard sur les joues et un pantalon collant. J'ai fait des folies pour un clown et pour un arlequin, le pierrot ne m'est pas indifférent, mais le jeune premier à fines moustaches, le cabotin de la banlieue et des bouis-bouis des boulevards qui roule les yeux d'une façon si tendre, qui chante, d'une façon si douce, une romance plaintive, voilà mon caprice, voilà ma passion ! Ah ! les gredins, souvent ils ont fricoté avec l'argent de sir Williams ; eh ! bien, je ne le regrette pas, car avec eux si je contemplais la « natour » ce n'était pas par la fenêtre d'une maison de campagne !

« Quand j'ai eu tout mangé, je me suis remise à travailler. J'ai à nouveau fait fortune, et quand je suis en gaieté, je chante le couplet du refrain qui faisait danser ma marmotte :

J'ai quitté mon village
Avec mes gros sabots
Maintenant j'roule équipage
J'suis riche et je porte chapeau. »

Elle était absolument dépourvue d'instruction ; auprès d'elle, la dame aux sept petites chaises était un génie ; et avec cela, prétentieuse comme personne. Elle répétait à tous propos, quand on la blaguait sur son ignorance crasse :

— J'ai reçu une éducation soignée ; ainsi tu t'appelles Maurice ; je vais te prouver que je connais mes auteurs latins, par une citation : *Maurice tu ris, tu n'es qu'une sale tante !!*

Nina Bouillabaisse. Ce surnom indique une marseillaise. Elle fut débauchée par un agent de change, qui, lorsqu'il en eut assez, l'envoya à Lyon à un de ses amis notaire. Ce dernier, en raison du scandale qu'elle causait, l'envoya à un avocat de ses amis à Paris. Une fois dans la capitale, elle n'eut plus besoin de recommandations, elle fut vite en vogue, grâce à ce qu'à une nuit de bal à l'opéra, elle soupait avec plusieurs jeunes gens, à la Maison-Dorée. Un des convives la pria de désigner le mets qu'elle désirait, elle répondit sans hésiter : une bouillabaisse ! A tous les services, elle demanda une bouillabaisse.

Tous les convives se mirent à applaudir, on la baptisa *Bouillabaisse*, et on lui fit séance tenante vingt propositions. Nina était une fille intelligente, elle se tint ce raisonnement : Tant que je n'étais que Nina, je n'avais que des amants plus pingres les uns que les autres, ils jouaient à la balle avec moi ; le matin un blond, à midi un châtain, le soir un brun ; la nuit, il aurait fallu un tourniquet à ma porte, et toujours dans la dèche ; je demande une bouillabaisse, et les amants sérieux pleuvent. Puisqu'à Paris la bouillabaisse est un talisman, je ne demanderai plus au restaurant que mon plat national.

Au Café Anglais : Garçon, une bouillabaisse ; à la Maison d'Or, partout en un mot, ce fut pendant quinze jours le mot à la mode.

A la Bourse : La Bouillabaisse est à 120 fr. dont 10.

Au cercle : Je te joue une nuit chez Bouillabaisse en cinq sec.

Ce fut à Nina Bouillabaisse qu'arriva l'aventure suivante qui, lorsqu'elle fut connue, fit rire tout Paris ; il est bon d'ajouter qu'elle ne courut pas les salons, mais bien les cabinets particuliers.

Le « Tout-Paris » de 1850 à 1865 se souvient de l'archi-millionnaire L...., qui s'était fait une réputation de viveur excentrique et dont la générosité envers les femmes était proverbiale ; il était la providence des putains dans l'embarras.

Une nuit, L.... soupait seul dans un cabinet de la Maison-Dorée ; il s'ennuyait, comme disait Clara la Sardine, à cent francs par tête. Ne sachant plus que boire ni manger, ni à quel *sein* se vouer pour se distraire — il les avait tous adorés — une idée folle lui traversa la cervelle.

Il sonna le garçon.

— Joseph, lui dit-il, va me chercher six putains.

— Monsieur est donc en bien belle humeur ? répondit Joseph.

— Va toujours, ce n'est pas pour toi ; allons plus vite que ça, ajouta L....

Joseph descendit sur le boulevard, raccrocha six filles qui flanaient sur les chaises, attendant pour *charger* ; il les mit au courant. En une minute, sans se faire prier, elles firent irruption dans le cabinet où le millionnaire bâillait à se fendre la mâchoire.

Joseph s'en alla discrètement, aussitôt la porte refermée, L.... les fit mettre sur un rang et les examina :

— Vous voilà six, leur dit-il, combien pour le tas.

— Cinq cent francs, répondit Nina Bouillabaisse.

— Non ! vingt francs par tête.

— Ça va, s'écrièrent-elles en chœur.

L... sonna à nouveau.

— Joseph, va me chercher mon cocher.

Le cocher entra, raide, comme tout cocher de bonne maison.

— Tu vois ces six putains, lui dit L..., j'ai payé pour toi.

— Faut-il éteindre le gaz, dit Nina ?

— Ah ! non par exemple, j'en veux pour mes 120 francs !

Ce ne fut pas, comme bien on le pense, Nina Bouillabaisse qui raconta cette érotique aventure ; ce furent les garçons de la Maison-Dorée.

Comment ?

Oh ! c'est très simple ; les garçons friands d'assister aux scènes qui se passent dans l'intérieur des cabinets particuliers, ont imaginé un moyen économique de jouer le rôle de *voyeurs*, sans bourse délier ; cela devient même une passion pour certains, passion qui a été décrite par Tissot, sous ce titre : *Onanisme !*

Ils percent un trou dans la porte du cabinet, trou imperceptible, puis, aux aguets, quand les amoureux ont fini de diner, qu'ils deviennent tendres, ils se mettent à leur observatoire et malgré la lumière, ils voient la lune dans son plein !

Il est, je pense, inutile d'insister. Mais de même qu'il faut se défier des écrevisses en cabinet particulier, il faut se défier des garçons et baisser la portière ; au besoin, l'assujettir à l'aide d'une chaise !

Bouillabaisse fit fureur pendant quelques années, puis, un jour, elle disparut de la circulation ; elle avait amassé un fort sac.

Elle se maria à Marseille, où elle put manger à son aise du mets qui avait fait sa fortune.

VII

Rose Pompon. — Nunquam Polluta. — Précautions inutiles. — C'est M. C... qui danse. — Pene erexit domum. — Cora Pearl et Roqueplan. — Une curieuse représentation. — Une salle de princes. — L'amour sur les planches. — Des applaudissements de condoléances. — Les odeurs de Paris. — Une nuit pour cinq mille francs. — La forte somme en or. — Une colique gêneuse. — Mademoiselle a besoin de papiers ! — — Grandeur et décadence.

Rose Pompon est une des célébrités du Bal Bullier, et une des plus anciennes *insalubrités* du Bal Mabille. En voilà une qui n'aurait pas pu prendre la devise de la ville de Bayonne : *Nunquam polluta !*

Elle est si vieille, si vieille, que tous ses contemporains la croyaient depuis longtemps sous terre, en train de voir les pissenlits pousser par la racine.

C'est à propos d'elle que Monsieur Prudhomme sermonnait son fils, en lui disant :

— Ah ! mon ami, les femmes d'aujourd'hui ne valent pas celles d'autrefois.

Que le fils Prudhomme répondit :

— Mais papa, c'est toujours les mêmes !

Eh bien, elle n'est pas morte; la bonne femme est retirée dans une élégante villa des environs d'Argenteuil. Les roses y fleurissent en tout temps. A elle le pompon, pour avoir su se créer un confortable délicieux, et attacher à ses charmes décrépits un de nos plus riches financiers, mort récemment.

Faut-il qu'elle en ait, de ces charmes qui firent les délices de nos pères de 1830, pour qu'elle ait pu obtenir de M. C..., qui était renommé pour ne pas attacher ses chiens avec des saucisses, cinquante mille francs par mois : autant que M. Carnot.

A ce qu'il paraît, du moins, l'histoire le raconte, que cette dotation princière n'était pas suffisante pour la vieille hétaïre.

De l'ancienne école, elle ne sacrifiait pas à Lesbos. Elle prit un jeune amant, aimable, titré ; elle le combla de faveurs, la vieille chatte, le câlinait, c'était de l'amour pur. Le petit lapin bleu, le petit chou-choux à sa mé-mère était choyé, pomponné, adulé. Le financier, qui ne voulait pas que la vieille, qu'il considérait comme son capital, distribuât le moindre dividende, venait à la ville, à l'improviste, sur son yacht, en voiture quelquefois ou en omnibus. Cela ne faisait pas le compte de l'antique rivale de Mogador. Elle organisa un service original pour être prévenue à temps de l'arrivée de M. C...

Un homme, à elle, se tenait en permanence sur le pont d'Argenteuil ; un second était à la gare du chemin de fer ; un troisième surveillait la route.

Ces hommes étaient en faction jour et nuit ; mais, hélas ! on ne pense pas à tout.

Un jour, arriva un haquet chargé de pièces de vin que lui adressait M. C.... Ce fut elle qui reçut le camionneur. Le vin placé en cave par les tonneliers, le camionneur entra dans la salle à manger pour faire signer sa feuille. Le Sigisbé de la vieille était moelleusement assis dans un confortable fauteuil. Elle signa, puis tira son porte-monnaie pour donner le traditionnel pourboire.

Elle n'avait que de l'or !

— Bibi, dit-elle à son jeune amant, donnez donc cent sous à ce brave homme.

— C'est beaucoup, dit Bibi, chez qui le juif reparut.

— Non ! dit-elle, donnez, c'est M. C... qui *danse*.

Le camionneur, qui assistait impassible à ce colloque, tendit la main gauche, et de sa main droite, il enlevait prestement sa perruque et ses lunettes..... Tableau ! C'était M. C...

La vieille se trouva mal, la ressource des femmes dans l'embarras; quant au jeune homme, il s'enfuit.

M. C..., furieux, réduisit la pension de 50,000 francs par mois à 20,000 francs.

Le petit lapin bleu habite aujourd'hui une jolie maison aux environs de Paris. Sur le fronton, les passants peuvent lire :

PENE EREXIT DOMUM

Le journal la *Presse*, sous la signature de Roqueplan, parlait ainsi de Cora Pearl.

« — D'où vient mademoiselle? ou pour mieux dire miss *Cora Pearl* ?

— Du bois de Boulogne.

— Quel est son maître?

— La nature.

— Pourquoi débute-t-elle?

— Parce que cela lui plaît et qu'elle désire plaire au public sous ce nouvel aspect.

« Quant à l'autre aspect, tout Paris le connaît; Cora Pearl est une centauresse, elle a créé l'amazone.

« La première, elle a paru dans nos promenades élégantes avec de vrais chevaux qu'elle montait avec une distinction et une habileté sans pareilles, ou dans des voitures que les plus raffinés ont considérées comme des modèles sous le rapport de la coupe et de la couleur, de même qu'ils ont admiré ses attelages si bien appareillés, le style et la tenue de ses harnais, de ses livrées et de ses gens, au nombre desquels se trouve parfois un groom dont l'exiguïté et la gentillesse contrastent avec sa gravité.

« Quiconque connaît les chevaux n'aurait jamais confondu Cora Pearl avec les centauresses maladroites qui ont voulu quelquefois la rivaliser. Efforts gauches et vite découragés, écurie pauvre, mauvais cochers, chevaux de carton, ménage à effet, chic incomplet et fugitif.

« Pour Cora Pearl, le cheval n'est pas seulement un luxe, c'est un art, ce n'est pas seulement un art, c'est une administration. Une visite dans ses écuries fait comprendre la manière de dépenser sérieusement des sommes folles pour ce seul chapitre d'un budget fantastique.

« C'est de l'*insenséisme* rationnel.

« Il y a de quoi désespérer les petits centaures

propriétaires d'un seul cheval à deux fins qui ébouriffent en passant les bonnes gens assis sur les marches des Champs-Elysées et qui engagent dans une course un quart de cheval. »

Le samedi, 27 janvier 1866, Cora Pearl, de son vrai nom *Emma Cruch*, réunit ses amis, et le nombre en était grand, dans l'élégante salle des Bouffes-Parisiens ; les loges, l'orchestre, les galeries, les couloirs regorgeaient de spectateurs.

Des loges avaient été louées 500 et 1,000 francs ; les simples strapontins se vendaient à la porte quatre et cinq louis ; le droit de jeter un coup d'œil sur la scène à travers la vitre d'une loge était disputé avec un acharnement inouï par une nuée de concurrents de tout âge.

Jamais on n'avait vu dans une salle de théâtre plus de toilettes invraisemblables, plus de fleurs, plus de diamants, plus de luxuriantes épaules. Tout le personnel de Laborde et de Cellarius s'était donné rendez-vous dans le nouveau salon de Cora Pearl ; loges et galeries avaient été envahies bien avant le lever du rideau par la plus fine fleur de l'aristocratie galante et ce frisson d'attente qui précède les grandes apparitions courait dans la salle entière.

Quant aux hommes, ils étaient nombreux ; des ambassadeurs, des députés, des représentants de la finance et du sport avaient tenu à faire honneur à une invitation aussi affriolante.

On remarquait : le prince de Sagan, le prince Achille Murat, le prince d'Aremberg, le marquis de Scépaux, le vicomte Daru, Khalil-Bey, Mustapha-Pacha, le duc Hamilton, le prince Troubetzkoï, le duc de Mouchy, M. Ernest André, M. Garcia, le marquis de Caux, le vicomte de La Ferrière, le marquis de Mornay, MM. Georges et Maurice Brisson, M. Raimbaud, le duc d'Acquaviva, le comte de Colobiano, le vicomte de Merlemont, M. Henri Cartier, le marquis de Modène, le vicomte Davillier-Regnault de Saint-Jean d'Angely, le marquis de Rennepont, le comte Ed. de Viel-Castel, le vicomte de Brimont, le vicomte de Turenne, le comte de Montsaulnin, le duc de Rivoli, le vicomte de Cossé-Brissac, le comte de Beauffort, M. Blount, etc.

Tous les plus beaux noms de France !

Voir Cora Pearl dans ce costume diaphane qui commence bien au-dessus du genou pour se terminer bien au-dessous de la poitrine et se prête dans l'intervalle aux explorations les plus audacieuses ; voir passer à quelques pas de soi, sur des planches vulgaires, transfigurées par le pied mignon de la rutilante déesse, celle que l'on n'avait aperçue jusque-là qu'au bois, au fond d'une loge ou d'un boudoir, toujours fuyante, toujours indécise, toujours dépoétisée dans son costume par les grotesques exigences d'une civilisation maussade ; la saisir enfin, la tenir sous le feu de sa lorgnette sans qu'elle puisse échapper cette fois ; dévorer ses ailes blanches, cette jambe fine, faire le tour de ces beautés secrètes, et mordre à bouche que veux-tu au fruit interdit si longtemps, c'était évidemment une de ces joies incomparables, une de ces fêtes sans seconde qui marque dans la vie d'un homme, un de ces régals que l'on n'ose espérer, auxquels on ne peut croire quand on les tient sous la main.

Depuis plus de quinze jours, il n'aurait pas fallu parler à ces hommes intelligents, ou de la Prusse ou de la question d'Orient, ou de la lettre de l'Empereur, ou du prix du pain, ou de l'autorisation préalable abolie en matière de journaux, ou de *Galilée*, ou de *don Carlos*. Cora Pearl ! Cora Pearl ! Ils ne voyaient que Cora ! Ils n'entendaient que Cora. Sa visite au directeur, cette détermination prise brusquement par elle, et sans que rien présageât un tel événement, d'aller faire l'amour en public, là, sous le feu de la rampe et d'arborer le costume traditionnel, et de chanter le couplet, et d'entrer, de sortir, de suivre le bâton du chef d'orchestre comme la première venue des figurantes en maillot : voilà de quoi ils vivaient, ces hommes ! Voilà où leur pensée, disait Gasperini dans *la Liberté*, s'était perdue, concentrée, figée ; ils attendaient la soirée de ce samedi mémorable avec une impatience fébrile, anxieuse.

La salle haletait d'émotion, quand les trois coups sacramentels annoncèrent l'ouverture d'*Orphée*.

La portière doublée de velours ponceau s'ouvrit, et Cora, en personne costumée pour son rôle, apparut.

Elle était en amour Louis XIV...

Un maillot couleur de chair, un maillot fin, très léger, transparent, un joli manteau en velours bleu, à ramages et à franges d'or, se drapait sur ses épaules.

Des ailes d'azur à plumes blanches et dorées; des sandales à courroies jaunes s'attachaient sur la cheville ; des faux cheveux éparpillés en boucles sur le haut de la tête et sur le cou.

Ces messieurs trouvaient Cora ravissante.

Le corsage de la robe était littéralement couvert de diamants, aigrette dans les cheveux, guirlande de diamant par-ci, ceinture de diamant par là. Elle flamboyait.

Malheureusement, elle chanta, elle parla, elle marcha, elle fit même l'espiègle, la pauvre fille! dans ce rôle de l'amour qu'elle croyait probablement plus facile; elle s'avança souriante jusqu'au fond du boudoir. Là, elle s'arrêta, elle prit une flèche de son carquois, et elle la mit avec un geste indéfinissable sur son arc d'or. Mais avant de viser, elle hésita; à ce moment quelques rires se firent entendre, des fervents applaudirent, mais l'amour était démonté, et l'*artiste* blessée au cœur.

Il était curieux de voir avec quelles figures agitées, avec quels yeux ardents toutes ces femmes suivaient leur *amie*, et quelles joies sourdes se mêlaient, quand elles s'aperçurent que la débutante faiblissait à leurs applaudissements de condoléances.

La vraie comédie était dans la salle!

A l'issue de la représentation, un de mes amis me disait : — Quoi, c'est là cette femme au luxe proverbial, aux voitures et aux attelages princiers, aux toilettes ducales! Et la grâce? Et la beauté? Et la fo...o...orme? Qu'en font donc tous les Bridoisons de l'aristocratie financée? Je comprends à présent les *odeurs de Paris!...*

Gestes contraints, désinvolture flasque, voix peureuse, accent déplorable, triste exhibition qui faisait regretter le parascénium antique.

Si l'amour était ainsi fait, il n'eût perdu ni Troye, ni Eurydice.

Il lui arriva une foule d'aventures. Celle-ci qui a été prêtée à une autre hétaïre est, je crois, peu connue; dans tous les cas, elle vaut la peine d'être relatée :

L'Empereur Napoléon III, qui avait envie de passer une nuit avec elle, lui dépêcha, comme ambassadeur, le général que l'on sait, le pourvoyeur en titre. Comme bien on le pense, les pourparlers ne furent pas longs et il ne fut pas question de prix. Dans certains milieux on connaissait la générosité du souverain.

Le soir convenu, elle fut introduite aux Tuileries. Soit qu'elle eût mal digéré son dîner, soit qu'elle fût émue de partager la couche d'un César, pendant la nuit, elle se leva plusieurs fois en proie à des coliques pressantes. Le lendemain matin, elle fut reconduite chez elle, dans le célèbre petit coupé sans armoiries, qui ne servait qu'à cet usage.

Dans la matinée, le surintendant à trois ponts des plaisirs de Sa Majesté lui apporta une somme de cinq mille francs *en or*. Elle fit une moue significative.

— Tu ne m'apportes que cela, lui dit-elle,

combien as-tu gardé pour ta commission ?

— Mais, rien !

— Eh ! bien remporte ton argent, je n'en veux pas.

Le général rendit compte à l'Empereur de sa mission.

— Ah ! elle ne trouve pas que c'est suffisant, lui dit-il, rends-moi mon or, et donne-lui ces cinq mille francs en billets de cent francs, et tu lui diras ceci : Mademoiselle, vous avez raison, l'Empereur m'a dit que vous êtes allée assez de fois aux lieux pendant la nuit, pour avoir besoin de papier !

Qu'est devenue la célèbre Cora Pearl ?

On la rencontre parfois, remontant mélancoliquement l'avenue des Champs-Elysées, avachie, décatie, rêvant sans doute aux grandeurs d'autrefois !

Juste retour des choses d'ici-bas.

Labruyère, Catherine Schumacher, fut une cocotte célèbre. En 1866, elle se fit épouser, dit mon confrère Georges d'Heailly, par un ancien beau du premier Empire, dont le nom flétri devait jusqu'à la fin de sa longue carrière être compromis dans de honteux trafics.

Connu sous le nom de Maubreuil, il avait été chambellan de la reine de Westphalie, pendant le règne de Jérôme Napoléon à Cassel. En 1815, chargé d'une mission secrète, mais dont le but avéré et reconnu était d'assassiner Napoléon — il existe à ce sujet une brochure intitulée : *Histoire du soufflet donné à M. de Talleyrand* — Maubreuil rencontra à Montereau la reine de Westphalie, qui retournait dans le royaume de son père. Il la fit arrêter et, sous prétexte de la raison d'Etat, il lui vola ses valeurs et ses diamants. L'année précédente, lors de l'entrée des alliés, il traversa les rues de Paris avec une croix de la légion d'honneur, attachée à la queue de son cheval.

En 1866, dans la plus extrême des misères, à laquelle depuis longtemps il était habitué, il consentit à épouser Labruyère; il avait quatre-vingt trois ans !!

Voici les chiffres curieux de l'apport dotal de cette fille :

Mobilier du grand salon. . . .	56,150 fr.
Petit salon	21,020
Chambre à coucher	25,750
Salle à manger, office, divers.	33,960
Fourrures	31,850
Dentelles.	25,550
A reporter . . .	202,280 fr.

Report . . .	202,280 fr.
Bijoux.	51,420
Trente-six robes, estimées . .	15,333
Linge	24,777
Argenterie	14,483
Cristaux, porcelaines . . .	11,460
Cave	9,000
Voitures, harnais	3,100
	323,853 fr.

Sa fortune personnelle se composait en outre de 3,000 francs de rentes résultant d'un acte notarié, environ 300,000 francs de créances diverses à recouvrer en 1871, et 3,800 actions de diverses Compagnies et Sociétés.

Avec ces dons de sources diverses, il y avait de quoi redorer le blason du vieux marquis.

Ce n'est pas d'elle qu'on aurait pu dire que la fortune lui était venue en dormant : en ne laissant pas dormir les autres eût été plus vrai.

Elle apportait à ce vieux scélérat de Maubreuil un fils tout fait ; il s'empressa de le reconnaître.

Il en fut pour ses rêves dorés, car à peine mariée, Labruyère le relégua dans un cabinet noir, à peine vêtu, à peine nourri, traité comme un chien, rudoyé par les domestiques qui le battaient et l'appelaient vieux maquereau. Elle reprit son existence d'autrefois, des amants à tire-larigot, une noce infernale.

Maubreuil volé, cocu, battu et pas content, plaida en séparation.

Ce procès en apprit de belles au public. La marquise d'Orvault était la fille d'un cocher de Montrouge, dont le fils avait été condamné pour tentative d'assassinat et de vol sur la personne de sa sœur.

Maubreuil se retira après le procès à Batignolles. Il mourut le 21 juin 1868, sans secours, sans amis.

Coïncidence singulière :

Lorque la baronne d'Ange mourut, son mari lui fit faire de splendides funérailles, et il fut *seul* à suivre le convoi.

Lorque Maubreuil mourut, la Labruyère fit faire à son mari des funérailles somptueuses, et *seule* elle suivit le convoi dans une voiture de deuil.

La Labruyère avait de grandes relations dans le monde politique de l'Empire. C'était une intrigante, semblable à celles qu'il nous a été donné de voir dans le fameux procès de Ratazzi-Wilson; seulement sous l'Empire, on n'était pas si bête que sous la République; aussitôt qu'un scandale commençait à poindre à l'horizon, il était étouffé, et le public en était réduit aux conjectures.

Pourtant elle intenta un procès à un homme du monde, pour lui réclamer 100,000 francs ; ce procès est curieux à plus d'un titre, il prouve que si les filles ne valent pas cher, leurs amants titrés valent encore moins.

Son avocat lut à l'audience du tribunal le billet suivant :

« Je soussigné, reconnais devoir à madame C. Schumaker La Bruyère, la somme de cent mille francs qu'elle m'a remise aujourd'hui sur la vente de ses valeurs, pour être employée dans mes affaires. Je m'engage à lui rendre cette somme à elle ou à son ordre dans cinq ans de ce jour, m'engageant jusqu'à remboursement effectif, à lui servir les intérêts au taux commercial de 6 pour 100, de six mois en six mois. En cas de mon décès, cette somme serait immédiatement exigible.

« Bon pour 100,000 francs, valeur reçue en espèces comptant, et sur un bon de la Banque de France.

V.....

M. Allou s'efforça de démontrer par la lecture de la correspondance échangée entre M. V...... et Labruyère, que la marquise d'Orvault n'avait pas craint de poursuivre le remboursement de deux reconnaissances de 75,000 fr. et 15,000 fr. souscrites dans des circonstances analoges. Un arrêt de la Cour de Paris, du 8 juin 1867, annula ces deux reconnaissances, « attendu que la fille Schumaker, dont la conduite atteste dans tous les actes de la vie une habileté consommée à l'aide de laquelle elle a su amasser une fortune considérable.....; qui appartient à une famille des plus modestes et qui se laisse poursuivre en pension alimentaire par ses père et mère; qui s'est constitué dans l'état annexé à son contrat de mariage un certain nombre de créances s'élevant à de fortes sommes dont l'origine n'est pas expliquée.... se les ait fait soucrire par un homme, dont elle venait de faire la rencontre dans un bal, et après une liaison de quelques jours à peine » ; et l'écrit ajoute : « que ces deux titres sont entachés de fraude à la loi et qu'il importe à la morale publique, comme à l'honneur et à la sécurité des familles de réprimer ces manœuvres coupables, destinées à cacher la honte de certains marchés. » Les considérants sont sévères, mais leur juste sévérité doit recevoir ici une nouvelle application, et, comme l'arrêt de la Cour, le jugement du tribunal n'hésita pas à annuler la reconnaissance et à repousser la demande formée contre le père et le frère de V....

Me Léon Duval répliqua en ces termes : « Ce billet de 100,000 francs a une cause sérieuse, V...... a eu l'ambition de soumissionner au gaz de la ville d'Evreux, il prouve qu'il lui fallait de l'argent, et qu'il en a emprunté à Mlle Catherine La Bruyère, qui n'était pas sa maîtresse. »

« Mon adversaire, dit Me Léon Duval, a été sans pitié pour Mme de Maubreuil, c'était son droit ; il est reconnu par les tribunaux que les enfants de famille sont dispensés de payer leurs dettes immorales, et qu'ils ont le plaisir pour rien. On soupe, on boit de bons crûs, on goûte les appartements chers et bien situés, on repose ses yeux sur des tableaux de maîtres, sur des morceaux rares de sculpture. on se retire tard...... quand on se retire, on présente ses amis et on les fait jouir du même luxe, cela dure des années ; mais si par hasard on signe un billet, on est ce qu'on appelle un jeune homme trompé ; on est dupe d'une prostituée, et on laisse les frais à la maîtresse de maison. Mais au-dessus des tribunaux, il y a le monde qui nous juge tous, et cette société exquise qui suit la morale des honnêtes gens. Là, les choses sont autrement appréciées ; le bien dire n'y fait rien, quand on a obtenu les faveurs d'une femme et qu'on l'en remercie par de basses insultes, on n'y gagne que du mépris. Tous les jurisconsultes opinent pour la nullité des billets dits concubinaires ; mais tous aussi reconaissent que le concubin qui sert ce plat à la curiosité publique est le dernier des hommes. Ils appellent cela arguer de sa turpitude, et, franchement, ce n'était pas la peine d'en être si fier.

« Je sais bien que l'honorable orateur a puisé sa morale dans l'arrêt qui a immortalisé M. le vicomte X.... et il est vrai que le vicomte avait été l'amant de Catherine, qu'il lui avait souscrit un billet de 35,000 fr.; qu'il a mieux aimé révéler sa bonne fortune que de payer, et qu'en effet, la Cour a cassé le jugement qui l'avait condamné à se conduire en honnête homme. Mais, si Catherine a eu cette faiblesse, je n'approuve pas que l'arrêt dise du billet qu'il a été *pretium stupri*. Mon adversaire l'a répété après la Cour, et je crois qu'il a eu tort; Ulpien ou Messala seraient ici qu'ils opineraient au solécisme. *Stuprum*, c'est l'œuvre de chair avec la circonstance aggravante de l'adultère ou de l'inceste, ou du viol, ou de ces raffinements qu'on ose à peine laisser entrevoir. Le vicomte n'était pas si pervers, il était libre et pas marié, Catherine était la fleur du célibat parisien.

« Les docteurs catholiques eux-mêmes ont longtemps hésité à qualifier de péché l'union des deux sexes dans des circonstances vénielles. Ils n'y consentaient qu'à la condition que ce fût la première fois, et pour me faire comprendre, seulement *rupta virginitate* ; mais ce n'est pas le cas du procès. En vérité, quand j'entends débiter des fadeurs sur l'immoralité de l'amour, je me dis qu'elles viennent apparamment des gens qui n'ont connu la femme que dans le mariage, et je les admire. La Bruyère était ce qu'on appelle un moraliste et des meilleurs ; or, voici ce qu'il dit des présents que l'on fait à sa maîtresse ; puisque mon adversaire les trouve pendables, c'est probablement pour lui que La Bruyère a écrit : « Il est triste d'aimer sans une grande fortune qui vous donne les moyens de combler ce que l'on aime. On voudrait le rendre si heureux qu'on eut plus de souhaits à faire. » Et un peu plus loin : « Il faut quelquefois céder à ceux qu'on aime et avoir la générosité de recevoir. »

« M. V..... n'entend probablement rien à ce beau langage, et il préfère les doctrines de l'arrêt X.....; je le veux bien.

« Après avoir essuyé le feu de l'arrêt X....., on me permettra de montrer qu'il tire aussi sur mon adversaire. Le vicomte X..... pontait volontiers au baccarrat et n'y gagnait pas toujours. Il lui fallut un soir 50,000 fr., sous des peines que ce jeune homme tenait pires que la mort. Son immoralité le sauva ; comme il était assez corrompu pour avoir une maîtresse, celle-ci fit pour lui ce que le monde correct n'aurait eu garde de faire. Elle lui remit 75 actions du Crédit mobilier, et 75 actions de la Banque de France, l'autorisant à vendre ces valeurs et s'en servir pour payer ses dettes de jeu. Le vicomte trouva le procédé galant, et ce fut à cette occassion qu'il voulut absolument signer 80.000 fr, de billets, au lieu de 45,000 qu'il devait strictement à Catherine; c'était un don de 35,000 fr, mais à la condition que les billets seraient payés. Or, s'il était certain que Catherine avait sauvé X....., il ne l'était pas que le monde permettrait d'acquitter les billets entachés de libertinage. En effet, il ne paya pas plus les 45,000 francs qu'il avait reçus, que les 35,000 qui représentaient ses remerciements et sa reconnaissance. Mais, sur les 45,000 francs, il invoqua vainement de bonnes mœurs, il fut condamné par le tribunal et par la Cour. Vous voyez bien que les femmes artificieuses ont du bon ; vous voyez aussi qu'il arrive parfois aux enfants de famille de recevoir 45,000 francs de leur maîtresse, et de dire que le billet n'a pas d'autre cause que le plaisir. Voilà ce qu'a fait le vicomte X..... et c'est incomparablement plus mal que les plus grandes fautes des courtisanes. On vous a dit que cela avait été jugé contre le vicomte, mais qu'il ne s'était pas défendu. Laissons, si vous le voulez, le jugement et l'arrêt qui ont jugé sur ses conclusions ; mais dans un autre débat, longtemps après, l'affaire de 45,000 francs a de nouveau été évoquée et discutée; elle l'a été magistralement, mon adversaire ne dira pas non, ce fut lui-même qui tonna contre les femmes *expérimentées*, car il y excelle ; tout ce qu'une éblouissante facilité pouvait dire pour le vicomte X.... a été dit, et la Cour n'en a pas moins jugé que le vicomte avait reçu de Catherine des valeurs considérables, à raison de quoi il avait été justement condamné à lui rembourser 45,000 francs. Il me semble qu'il y a dans cet arrêt un affront qui aurait dû gâter le plaisir de s'en servir; en tous cas, il apprend à M. V.... qu'il faut prouver que son fils n'a pas mêlé à ses plaisirs un emprunt de 100,000 francs pour mener à fin son affaire d'Evreux. »

C'est du joli !

CONCLUSION

Comment disparaissent les cocottes?

Il résulte d'une enquête faite par la préfecture de police, qu'au bout d'une période de vingt ans, sur cent cocottes domiciliées dans le quartier Bréda, il y en a :

Mortes prématurément de phtisie, de péritonite et autres affections chroniques ou aigües	17
Inscrites	18
Employées au service de la précédente catégorie	8
Proxénètes.	6
Dames de compagnies et chaperons à l'usage des débutantes	8
Femmes de ménage	6
Epileuses	3
Loueuses de chaises	2
A reporter	68

Report	68
Revendeuses à la toilette	9
Emigrées pour l'Amérique	4
Ayant fait des économies et retirées à la campagne	3
Mariées avantageusement à des étrangers.	2
Mariées en France	2
Somnanbules extra-lucides, donnant des consultations	1
Enfermées comme folles	5
Suicides par ennui ou par misère . .	5
SUICIDE PAR AMOUR	1
Total	100

A moins qu'elles ne périssent assassinées comme : *Annette Tisserant*, septembre 1866, *Robert* et *Mage*, 1864, *Victoire Bodeux*, 1865, *Lévis*, 1861, *Marie Hélis*, 1864, *Marie Fellerath*, 1879, *Renoux*, 1883, *Benoit*, 1865, *Marie Jouin*, *Hélène Stein*, 1885, *Lucie Alliaume*, 1886, *Marie Aguétant*, 1886, *Marie Regnault*, 1887, *Marguerite Dubois*, 1889, la *Chinoise*, 1889.

FIN.

TABLE DES MATIÈRES

PREMIÈRE PARTIE

DEUXIÈME PARTIE

CELLES D'AUTREFOIS — CELLES D'AUJOURD'HUI

FIN DE LA TABLE DES MATIÈRES

Saint-Amand (Cher). — Imprimerie de DESTENAY, Bussière Frères.

www.ingramcontent.com/pod-product-compliance
Ingram Content Group UK Ltd.
Pitfield, Milton Keynes, MK11 3LW, UK
UKHW022006170726
13837UKWH00001B/23